O LAGO DESCONHECIDO

Entre Proust e Freud

Jean-Yves Tadié

O LAGO DESCONHECIDO

Entre Proust e Freud

Tradução de Julia da Rosa Simões

L&PM EDITORES

Texto de acordo com a nova ortografia.
Título original: *Le lac inconnu: entre Proust et Freud*

Liberté • Égalité • Fraternité
RÉPUBLIQUE FRANÇAISE

AMBASSADE DE FRANCE AU BRÉSIL

INSTITUT FRANÇAIS

Cet ouvrage a bénéficié du soutien des Programmes d'aides à la publication de l'Institut Français.

Este livro contou com o apoio à publicação do Institut Français.

Tradução: Julia da Rosa Simões
Capa: Ivan Pinheiro Machado. *Fotos*: Marcel Proust, arquivos L&PM Editores, e Sigmund Freud (1921), AKG-Images/Latinstock.
Preparação: Marianne Scholze
Revisão: Lia Cremonese

CIP-Brasil. Catalogação na publicação
Sindicato Nacional dos Editores de Livros, RJ.

T129L

Tadié, Jean-Yves, 1936-
O lago desconhecido: entre Proust e Freud / Jean-Yves Tadié; tradução Julia da Rosa Simões. – 1. ed. – Porto Alegre, RS: L&PM, 2017.
160 p. ; 21 cm.

Tradução de: *Le lac inconnu: entre Proust et Freud*
ISBN: 978-85-254-3650-4

1. Proust, Marcel, 1871- 1922. 2. Freud, Sigmund, 1856-1939. 3.Filosofia. I. Simões, Julia da Rosa. II. Título.

17-41388 CDD: 100
CDU: 1

Rua Comendador Coruja, 314, loja 9 – Floresta – 90220-180
Porto Alegre – RS – Brasil / Fone: 51.3225.5777 – Fax: 51.3221.5380

PEDIDOS & DEPTO. COMERCIAL: vendas@lpm.com.br
FALE CONOSCO: info@lpm.com.br
www.lpm.com.br

Impresso no Brasil
Primavera de 2017

Para Arlette

"...linguagem magnífica, tão diferente daquela que falamos habitualmente, na qual a emoção desvia o que queríamos dizer e faz desabrochar em seu lugar uma frase completamente diferente, emersa de um lago desconhecido onde vivem expressões sem relação com o pensamento e que por isso mesmo o revelam."

Marcel Proust

Sumário

Apresentação

Um teve uma vida 32 anos mais longa do que o outro, tendo nascido quinze anos antes e morrido dezessete anos depois. Um teve uma família numerosa, o outro foi celibatário. Um pouco saiu do ambiente vienense, depois de uma temporada em Paris; o outro pouco deixou o meio parisiense. Nenhum dos dois (a ênfase se faz necessária porque a questão sempre aparece*) leu o outro, apesar de Freud falar francês perfeitamente e Proust ter estudado alemão no liceu Condorcet. Em contrapartida, o doutor Adrien Proust, pai de Marcel, assistiu às aulas de Charcot no Hospital da Salpêtrière, assim como Freud. Pertenciam à mesma escola médica de pensamento. Podemos afirmar, portanto, que Freud, estudante em Paris, e Proust, na própria casa, beberam da mesma fonte científica e médica. Quanto à cultura judaica, ela aparece em *O homem Moisés e a religião monoteísta*, nas primeiras linhas de *Um estudo autobiográfico* e em inúmeras citações de *Em busca do tempo perdido*: nenhum dos dois homens era religioso, um desconstruiu ironicamente a figura de Moisés, um egípcio; o outro fazia alusões bíblicas a título de zombaria.

* Em um artigo publicado no jornal *Le Monde*, Élisabeth Roudinesco aponta uma carta inédita de Freud a Marie Bonaparte em que ele declara ter tentado ler *No caminho de Swann* e não o ter apreciado. (N.E.)

Dois homens de alta cultura, grandes leitores dos clássicos como todos os inovadores, amantes da arte, especialmente a italiana, um mais atraído por museus e livros de arte, o outro mantendo com a arte, sobretudo a estatuária, a relação pessoal que só pode ser proporcionada pela coleção privada. Compartilhavam a certeza de que a cada necessidade, a cada desejo, a cada sofrimento sempre correspondia um livro. Um teve Balzac como mestre; *A pele de onagro* foi o último romance relido por Freud antes de morrer: "Era justamente o livro de que eu precisava".

Os dois homens pousaram o mesmo olhar sobre si mesmos, rompendo com o pensamento tradicional, Freud em sua autoanálise (sobre a qual as cartas a Fliess fornecem um testemunho incomparável, uma espécie de romance pessoal epistolar), Proust escrevendo, após tentativas que lembram as de Freud, *Em busca do tempo perdido*, resultado da mesma exploração interior. "Depois que voltei meu olhar para mim, cem personagens, mil ideias me pedem um corpo", escreveu Proust a Bibesco em 1902.

Não pretendemos estudar a trajetória de Proust à luz da psicanálise, nem demonstrar, por exemplo, que ele nunca superou a crise edipiana: isso já foi feito há tempo. Nosso objetivo é apreender a consanguinidade das duas mentes, como disse Proust: não é a comunhão das ideias que aproxima, mas a consanguinidade das mentes e, às vezes, dos corpos – Proust tinha crises de asma, Freud desmaiava durante disputas, ou melhor, durante discussões, como a bem conhecida com Jung. Os dois lutaram, durante os últimos vinte anos de suas vidas, contra doenças à época mortais.

As obras dos dois, portanto, a partir de uma intuição central, foram edificadas aos poucos, em partes laboriosamente conquistadas: "Nós a modificamos sem cessar", escreveu Freud, "mantendo um contato contínuo com a observação, até que ela enfim adquiriu a forma na qual parece ser suficiente para nossas finalidades". Da mesma forma, *O tempo redescoberto* apresenta a obra como uma ofensiva militar, uma fadiga, uma igreja, um regime, um obstáculo, uma amizade, uma criança, um mundo. "A ideia da obra", declara o Narrador, "estava em minha cabeça, sempre a mesma, em perpétuo devir."

Faremos um inventário dos temas sobre os quais os dois autores versaram, tão numerosos que sem dúvida não puderam ser abordados em sua totalidade. Se os dois tivessem se conhecido, teriam tanto a dizer um ao outro! Num gênero há muito celebrado, sonhamos com um diálogo de mortos. Ao fazer cada tema decorrer do precedente, partindo do sonho e chegando à morte, tentamos iluminar um pelo outro, como se os discursos alternados se fundissem num único propósito: é preciso ser dois para chegar à verdade. Busquei comparar duas inteligências, duas atitudes, dois comportamentos diante dos homens e do mundo, diante de si mesmos. Não busco desvelar segredos que, de resto, todos conhecem. Espero que, dos dois termos da comparação, dos dois polos da metáfora, possa surgir uma centelha, uma ideia, uma impressão poética. Para que sempre nos lembremos de um ao falar do outro.

Capítulo 1

Prelúdio noturno

O sono. Quem pensaria em começar um romance pelo sono? O herói que dorme afugenta os leitores, assim como o dono da casa que adormece na sala de estar faz os convidados irem embora. O início *in medias res** da tragédia clássica foi esquecido, em proveito, talvez, de outra tragédia. Surgem os sonhos, que "se inserem nas atividades psicológicas da véspera". Mas quem disse isso? Está nas primeiras linhas de *No caminho de Swann*? Ou de *A interpretação dos sonhos*? Durante o sono, não cessamos de refletir sobre o livro que estávamos lendo: uma igreja (em substituição a um "Tratado de arqueologia monumental", talvez *A arte religiosa do século XIII na França*, de Émile Mâle), um quarteto, uma mulher nascida de uma falsa posição da coxa, uma obra (de Mignet) sobre a rivalidade entre Francisco I e Carlos V. Sonhar com um livro, com livros, não é próprio ao intelectual?

Freud interessou-se primeiro pelo sonho, Proust pelo sono. O tempo dos sonhos veio a seguir: eles desempenham um papel importante na intriga de seus romances. Sabemos tudo sobre o sono em Proust, de Proust. Pouco sabemos sobre o sono de Freud. Também foi insone? Comentou algo com Fliess? Tendo em vista que o ataque histérico é uma ação, um meio de reproduzir o prazer, pode-se explicar da

* *In medias res*: "no meio das coisas", ou seja, no meio da história. (N.T.)

seguinte maneira a "mania da cama" (ou clinomania): um dos pacientes de Freud "geme ainda hoje no sono para que sua mãe, morta quando ele tinha 22 meses, o pegue no colo". "Tudo é calculado em função do *outro*, mas na maioria das vezes do outro pré-histórico e inesquecível que nenhuma pessoa ulterior conseguirá igualar", escreveu Freud em 6 de dezembro de 1892. O Narrador de *Em busca do tempo perdido* não sabe, mas fica deitado durante o dia porque espera pela mãe, que é sua avó no romance. E o próprio Marcel Proust, que saía tão raramente da cama quando a mãe ainda estava viva, correspondendo-se com ela através de bilhetes por baixo da porta, passou a levantar-se ainda menos depois que ela morreu, como se indefinidamente à espera de uma visita que nunca mais aconteceria.

Nós mesmos, se nos interessamos tanto por uma ação quase nula, pelas aventuras passivas de um anti-herói acamado, é porque nelas encontramos nosso temor e nossa espera, porque esperamos e tememos por procuração a vinda dos queridos fantasmas desaparecidos. E a noite permite sonhar: "É preciso dizer que, se a resistência fosse à noite aquilo que ela é de dia, o sonho nunca se produziria", disse Freud em *A interpretação dos sonhos*. A censura é diminuída e contornada quando a mente adormece: como disse Goya, o sono da razão produz monstros. É disso que Proust sofre depois da morte da mãe, como ele escreve à sra. Straus e a Robert de Montesquiou. A inteligência não está mais lá para protegê-lo, ele não tem defesas contra os pensamentos, as imagens mais terríveis, "as impressões mais atrozes". O que Proust descobre então, às próprias custas, é a suspensão da resistência racional no sonho, que ele havia entrevisto em *Jean Santeuil*, pois "estamos acostumados, à noite, a dar um pouco de nosso pensamento ao impossível, ao proibido".

Para a mãe, de fato, ele só descrevia sonhos de aparência anódina, como certa manhã de caridade à qual chegava de braço dado com Madeleine Lemaire (para ele, talvez fosse um pesadelo). Era ele, porém metamorfoseado em mulher, uma sócia da Comédie Française, Blanche Pierson, de 54 anos. O que ele se perguntava, então, era por que havia cometido o desatino de ir a uma festa se estava de luto pelo avô. Reencontraremos esse sonho de mudança de sexo e a angústia por ele causada (sem dúvida deslocada do luto que ele se acusava de infringir, tanto quanto da homossexualidade da qual se sentia culpado perante os pais) ao fim de *Um amor de Swann*. Proust se viu como uma mulher de certa idade, capaz, como Madeleine Lemaire, que à época ilustrou *Os prazeres e os dias*, de atrair jovens rapazes.

Proust contou à mãe outro sonho, em 8 de setembro de 1901: sonhou que segurava a barriga do excesso de peso adquirido durante as férias para mostrá-la à mãe, como um balão. Como se quisesse rivalizar com a gravidez materna, da qual deve ter sentido ciúme. *Em busca do tempo perdido* afirma que o único caso de gravidez masculina encontra-se na *Legenda áurea*, o que é pura fantasia. Podemos procurá-lo: não o encontraremos.

Em *Os prazeres e os dias*, "Sonho" evoca de maneira aparentemente inocente a paixão do Narrador por uma certa Dorothy B., que oferece uma rosa perfumada ao herói. Os olhos da jovem revelam o "leve espasmo" que precede o choro. O herói também verte lágrimas, que Dorothy, "dardejando a língua para fora da boca fresca", a "cabeça inclinada", vai colher em seus olhos. "Ela as engolia com um leve estalo nos lábios, que eu sentia como um beijo desconhecido, mais intimamente perturbador do que se me tocasse diretamente". Trata-se, sem dúvida, e ninguém mais o mencionou, da mais completa descrição de um ato (homo)sexual feita por Proust. O deslocamento garante a inocência. O que permite essa interpretação é o fato de se tratar de um sonho, onde tudo pode ter caráter sexual.

O sonho de angústia aparece já em *Jean Santeuil*, onde um sonho também marca o fim do amor de Jean por Françoise. Ele retraça, com uma clareza quase suspeita a nossos olhos, as derradeiras aventuras da heroína, dignas de uma peça de Sacha Guitry, e seu afastamento. O ponto essencial, sem dúvida o mais sincero, é a *angústia* sentida pelo sonhador.

O que Proust compreende, através de todos esses textos, é o uso que o romancista pode fazer do sonho para marcar a evolução de uma paixão, ou o progresso de uma cura, pois para ele a paixão é uma enfermidade. Ele tira as mesmas conclusões a respeito do luto. O sonho ao fim de *Um amor de Swann* marca a agonia deste amor, como mais tarde as etapas do luto marcarão o da avó.

Em contrapartida, das três categorias de sonho distinguidas por Freud em *Sobre os sonhos* – sonhos claros e sensatos, onde nada nos surpreende ou espanta a imaginação, sonhos sensatos, mas inesperados, porque nada na realidade os justifica, e sonhos obscuros, incoerentes, absurdos –, são os últimos que mais interessam ao romancista. O absurdo é o signo do sonho; o insone se tranquiliza quando testemunha um raciocínio "em contradição formal com as leis da lógica e a evidência do presente": "Um grande passo já foi dado quando viramos as costas ao real". Há nisso, de fato, matéria para comentário, para desvelar algum sentido oculto sob a ausência de significado aparente. Mas justamente, e isso é o mais extraordinário, Proust, tão ávido por explicações, não oferece uma sequer. Diante dos detalhes mais incongruentes, aqueles que sempre o detêm quando se trata de comportamentos despertos, ele se esquiva. Tudo é deixado para nossa interpretação.

É por isso que Proust, acima de tudo, é o romancista do sono: "Não podemos descrever bem a vida dos homens se não a fizermos mergulhar no sono em que ela submerge e que, noite após noite, contorna-a como uma península delimitada pelo mar". Nos sonos, pois todo sono difere dos demais dependendo das substâncias ou das circunstâncias que o provocam, cada um gera seus sonhos particulares, seus pesadelos. Cada um é Goya para si mesmo.

Capítulo 2

Sonhos

Em busca do tempo perdido começa com o sono, que permite reduzir ou contornar a resistência ao sonho. A gênese do romance apresenta o sono logo à segunda folha da primeira Caderneta, que contém os germes da obra. O homem que sonha, e que é Proust, perdeu a mãe em 1905 e o pai em 1903. Ela é a primeira a aparecer: "Sonho com Mamãe, sua respiração, ela se vira, geme –. Tu que me amas não me deixes ser operada de novo, pois creio que vou morrer e não vale a pena prolongar-me".

O pai aparece a seguir, na terceira folha: "Sonho. Papai perto de nós. Robert fala com ele, faz com que sorria, faz com que responda a cada coisa com exatidão. Ilusão absoluta de vida. Vês, portanto, que quando mortos estamos quase vivos. Talvez ele se engane nas respostas, mas enfim, simulacro de vida. Talvez ele não esteja morto". Nenhuma literatura nessas anotações cruas, que todos nós poderíamos ter escrito sem talento algum, mas não sem sofrimento (um é o remédio do outro). No romance, nem sinal dessa estranha cena onde o outro filho, o médico, verifica a existência do pai por meio de um interrogatório, versão científica e policial do canto XI da *Odisseia*, em que Ulisses reencontra a mãe (e não o pai, ainda vivo).

A mãe de Ulisses, na *Odisseia*, conta-lhe o que acontecera em Ítaca desde sua partida, como se lhe desse notícias de sua terra, e explica-lhe a razão da própria morte: "Não foi o langor, não foi o tormento de alguma doença que me tirou a vida: foi a saudade de ti, foi, ó meu nobre Ulisses!, a tua própria ternura que arrancou minha vida da doçura do mel". Ulisses, por três vezes, tenta abraçar a mãe, que não é "mais que sombra ou sonho fugaz. A angústia pungia-me muito profunda no coração". Estava tudo ali, principalmente o registro da angústia própria a tantos sonhos, mas que, segundo Freud, tem outra fonte. A mãe que morre de amor e preocupação será uma das fantasias do Narrador, convencido de ter matado a avó pelas preocupações que lhe causara por sua saúde. Todo grande escritor, de Virgílio a Joyce, reescreve Homero.

Uma questão para o biógrafo: Proust vive esses sonhos no momento em que começa a escrever seu romance, em 1908, ou recorda-se de tê-los vivido à época da morte dos pais? A descida em si mesmo exigida pela escrita é análoga à descida de Ulisses aos infernos, ou ela faz uso dos artifícios menos cruéis e mais esfumaçados da memória? Relatos de sonhos ou lembranças de sonhos? O inconsciente, sucedâneo dos infernos homéricos, fala outrora ou agora? "A experiência mostrou-me", escreve Freud, "que mesmo daqueles sonhos cuja interpretação de início parece completa, porque facilmente encontramos suas fontes e os desejos que os provocaram, partem importantes fios de pensamento que chegam à mais remota infância." O conteúdo manifesto, por exemplo a morte da mãe, tem uma ligação com as experiências recentes (há dois, três anos...), o conteúdo latente, "às experiências mais remotas de nossa vida".

Encontraremos tudo isso nos sonhos que acompanham a falsa ressurreição da avó no episódio das "Intermitências do coração". Atendo-nos à primeira Caderneta: ao longo de uma falésia (que voltaremos a encontrar no sonho de Swann), sem dúvida perto de Cabourg, onde Proust volta a escrever, em 1908, o Narrador (ainda Proust ou já o herói do romance?) ultrapassa alguns caminhantes: "Aqui está Mamãe, mas ela é indiferente à minha vida, ela me diz bom-dia, sinto que não voltarei a vê-la por alguns meses. Compreenderá meu livro? Não. E no entanto a força do espírito não depende do corpo". Ao contrário do primeiro sonho, a comunicação entre os dois não é mais possível, pois a mulher que se preocupava constantemente com a vida mais cotidiana e com todos os incidentes de saúde do filho está "indiferente à vida dele". Ele não é mais amado, tornou-se filho de ninguém, aquela figurante está morta, "bem morta", como um dia dirá o Narrador a respeito de Albertine: além de não se interessar mais por ele, ela não compreende sua obra, ou seja, a própria razão de sua vida – alguns dirão que ele escreve acima de tudo para a mãe, que *Em busca do tempo perdido* não passa de uma longa carta à mãe.

Note-se que as cartas de Jeanne Proust pouco se interessam pela literatura do filho, como se ela não fosse essencial, como se estivesse fadada a não compreendê-la, a ter ciúme dela e a suspeitar de que ela a privava do filho. Nesse ponto, não se diferenciava dos círculos artísticos, que enraízam o sonhador na realidade e trazem-lhe o contrapeso indispensável a uma vida, ao menos em aparência, normal.

Mas esse sonho pode então parecer uma censura: não é porque está morta que a sra. Proust não se interessa pela obra do filho: aos olhos dele, ela é culpada em vida. "A força do espírito não depende do corpo", magnífica afirmação do eterno doente, inspirada pelo sonho.

Freud abordou o sonho com o pai morto – mas não com a mãe morta: a sua ainda não havia morrido quando ele escreveu *A interpretação dos sonhos*. Ele declarou, em 1908, que o livro era uma parte de sua autoanálise e, afirmação a que Proust não teria subscrevido, uma reação à morte do pai, ou seja, "ao acontecimento mais significativo, à perda mais incisiva na vida de um homem". Sua mãe não estava morta quando ele escreveu essas linhas, mas ele poderia ter previsto o fato ou ter-se inspirado nas confidências dos pacientes. Freud cita uma única vez, em *A interpretação dos sonhos*, um sonho com a mãe morta (enquanto ela ainda estava viva e ele era criança): seu sonho é o oposto do sonho proustiano. É verdade que, antes de mencionar os sonhos com o "pai morto", Freud falara mais genericamente sobre sonhos com a morte de pessoas queridas.

Ele atribui a esses sonhos um significado geral, que inverte seu sentido aparente: o desejo, em geral antigo, repelido, reprimido, de ver a morte da pessoa amada, o sentimento de ambivalência em relação a ela. É nesse contexto que Freud expõe sua interpretação do mito de Édipo. Uma nova luz é lançada sobre os sonhos de Proust com a mãe, ou do Narrador com a avó. Esconderiam eles o desejo reprimido de vê-las perecer?

Outros sonhos

Os sonhos acompanham os principais episódios e os principais personagens de *Em busca do tempo perdido*. Eles sempre têm um sentido na ordem do relato e outro latente, reforçado por nosso conhecimento dos símbolos que brotam do inconsciente. Proust consegue combinar os dois com maestria. Em nossa própria vida, o segundo nível é o único a nos afetar: não temos consciência do lugar que nossos sonhos ocupam no desenvolvimento de nossa existência. É preciso a condensação do romance e a vontade de construção do romancista para enxergá-los. E como ele é dividido entre vários personagens, há chances de que ele lhes atribua seus próprios sonhos. É surpreendente haver tão poucos relatos de sonhos na correspondência de Proust: íntimos demais, ele prefere atribuí-los a seus personagens. Há mais confissão na ficção do que na autobiografia.

Num trecho pouco conhecido de *À sombra das raparigas em flor*, Proust, a respeito dos sonhos em Rivebelle, apresenta um espantoso panorama da atividade noturna do inconsciente. Ele quis, aliás, segundo um fragmento inédito, distribuir as suas imagens ou ideias entre diferentes sonhos, "cada um contendo aquelas que são coerentes entre si". O herói, após noites de embriaguez em Rivebelle, cai num sono profundo. Desordenadamente, surgem "o retorno à juventude, a repetição dos anos passados, dos sentimentos perdidos, a desencarnação, a transmigração das almas, a evocação dos mortos, as ilusões da loucura, a regressão aos reinos mais elementares da natureza (...) todos esses mistérios que acreditamos não conhecer e aos quais somos iniciados quase todas as noites, bem como o outro grande mistério do aniquilamento e da ressurreição". A vida do Narrador é ocultada, então, por novos cenários. Ele se sonha como um herói de *As mil e uma noites*, levando bastonadas e sofrendo castigos variados por um erro que ele "não percebia, mas que consistia em ter bebido vinho do porto demais". Sem dúvida precisamos dissociar, aqui, o erro do castigo, como Proust nos convida a fazer com Dostoiévski. A punição, como a de Charlus em *O tempo redescoberto*, é chamada pelo masoquismo e por um profundo sentimento de culpa.

Em *O caminho de Guermantes*, Saint-Loup sonha com a amante na companhia de um tenente muito rico e muito vicioso, soltando "os gritos intermitentes e regulares" que ela tinha o costume de emitir "nos momentos de volúpia". Sob o conteúdo aparente, uma leitura mais freudiana lê medo de impotência, homossexualidade, identificação recalcada com a mulher e mesmo prazer sadomasoquista em ver a mulher amada sendo violada. Inspirado por um amante ou uma amante, esse sonho também se esclarece com a frase de "Combray" que alude à "festa inconcebível, infernal, no seio da qual acreditamos que turbilhões inimigos, perversos e deliciosos, carregam para longe aquela que amamos, fazendo-a rir de nós!". Pois essa frase é suscitada pela ausência da mãe, que portanto está no centro do sonho. Ela é quem abandona o filho por outro homem, por exemplo o marido, ou Swann, culpado por esta ausência, é dela o gozo que o sonhador imagina. É ela também que explica a constante fantasia do Narrador, em que uma jovem da elite se entrega em casas de prostituição (da qual Kessel fez um belo retrato no romance *A bela da tarde*, depois filmado por Buñuel).

Outros sonhos são mais inocentes e materializam um desejo da véspera. O Narrador, em *O caminho de Guermantes*, sonha de maneira recorrente com uma cidade gótica à beira do mar, com uma certa paisagem marinha e seu passado medieval, com uma natureza que exala arte e história, rumo à qual seguir é "subir o curso das eras", ou seja, exatamente aquela que Proust descreve no episódio veneziano. Alguns traços desses sonhos vêm diretamente de Proust: "Eu que mantinha comigo mesmo, o tempo todo, argumentos verbais ao sonhar". Mais curiosa é a visão do herói mudo, paralisado, nu, porque para ele não caminhamos, não falamos, estamos despidos no sono. O herói parece exposto a algum suplício, ou ao menos esperar passivamente pelo prazer.

Mais tarde voltaremos ao exemplo – mencionado como que de passagem, brotando do inconsciente por uma necessidade de confissão irresistível, com outro argumento – sobre os pesadelos "em que nossos pais mortos acabam de sofrer um grave acidente que não exclui uma cura iminente. Enquanto isso, nós os mantemos numa pequena gaiola para ratos, onde eles são menores que camundongos brancos e, cobertos de grandes botões vermelhos, cada qual espetado com uma pluma, dirigem-nos discursos ciceronianos".

Pois o sadismo assola em sonho. No de *Sodoma e Gomorra*, Charlus tem 110 anos; ele bate na própria mãe, ninguém menos que a sra. Verdurin, porque ela havia comprado um buquê de violetas por 5 milhões. Podemos ler, nisso, o sadismo em relação à mãe (como o da srta. Vinteuil em relação ao pai), o desejo de puni-la, o remorso por gastos excessivos, que na verdade são de Proust, o próprio dinheiro sendo simbólico. Os descendentes do sr. Le

Rossignol, florista de Proust na costa normanda, em Houlgate, guardam piedosamente os registros das encomendas dos clientes. Podemos ler a página reservada anualmente a Marcel Proust, que mandava entregar às belas amigas flores a 25 francos o buquê.

Os pesadelos recorrentes de Bergotte contribuem para o quadro aterrorizante dos últimos dias do escritor. Ele via "uma mão segurando um pano molhado que, passado em seu rosto por uma mulher maldosa, esforçava-se em acordá-lo". Mais estranho que essa mãe cruel, figura da morte, é o sonho do cocheiro tresloucado: "Ele se atirava sobre o escritor e mordia seus dedos, cortava-os". O terceiro pesadelo é o da crise de apoplexia, que justamente o mataria.

Cada seção de *Em busca do tempo perdido* contém sonhos, microcosmos do romance. *Albertine desaparecida* retraça os que pontuam a fuga e a morte da heroína. É estranho ver a coexistência de duas mortas: Albertine e a avó no segundo plano, com a aparência de uma estátua em decomposição. O sonhador sabe que elas estão mortas, mas as vê com vida. Albertine, por exemplo, confessa ter beijado a srta. Vinteuil nos lábios, mas nada além disso, o que o herói pensa ser uma mentira.

O próprio Narrador percebe a má qualidade da dramatização operada pelo sonho, como se reconhecesse as categorias freudianas, nas quais a dramatização vem por último, para tornar os símbolos apresentáveis. Aqui, o símbolo é a morta com vida. Como se o desejo profundo, na realidade, fosse ver as duas mulheres (que talvez sejam uma só) desaparecer definitivamente, como se elas só fossem mantidas vivas, numa vida onírica e póstuma, pelo sentimento de culpa do Narrador, e de Proust em relação à mãe e a d'Agostinelli.

Uma última alusão ao sonho, que não é das menores, figura na *matinée* Guermantes de *O tempo redescoberto*. Ela afirma, de fato, o interesse constante do Narrador pelos sonhos. Eles compensam sua brevidade com a intensidade: um amor em poucos segundos, como por "injeção intravenosa" de um doutor milagroso, que na vida levaria anos para se desenvolver. Eles ajudam a compreender melhor os jogos da subjetividade. E eles mantêm "um jogo formidável com o tempo". Graças a eles, instantes longínquos, esquecidos como os sentimentos neles contidos, abatem-se sobre nós "como se fossem aviões gigantes" e recuperam, ao despertar, sua distância. O sujeito, o tempo: os dois grandes temas e, igualmente, as duas grandes formas de *Em busca do tempo perdido*. O sonho, portanto, é um dos acontecimentos da vida do Narrador que mais serviu a convencê-lo "do caráter puramente mental da realidade", afirmação que foi comparada à de Freud em *A interpretação dos sonhos*: "O inconsciente é a verdadeira realidade psíquica". Para Proust, e para o artista, há uma musa diurna e uma segunda musa, a "musa noturna, que por vezes substituiria a outra".

Capítulo 3

Sonho de Swann

Não se narram mais sonhos nos romances. Um romancista conhecido confidenciou-nos que, quando encontrava um em suas leituras, pulava seu relato. O romantismo alemão e o surrealismo estão longe, portanto, bem como *Peter Ibbetson*, de George du Maurier, *Mélusine*, de Franz Hellens, os pesadelos de Tchen em *A condição humana*, os sonhos de Giraudoux, herdeiro do romantismo alemão. Não pularemos o sonho de Swann, que Proust associa estreitamente à evolução do amor desse personagem por Odette, no fim deste amor, como uma etapa rumo à cura de uma doença. Proust sem dúvida é o último grande (os pequenos não faltam) representante da antiga tradição da melancolia amorosa. O próprio Freud fala de amor, ora sob esse nome, ora sob o de libido, e fala de neuroses e perversões ligadas à libido.

Proust relata no mínimo quatro vezes um sonho que pontua o fim de um amor: em *Os prazeres e os dias*, em *Jean Santeuil* e em *Swann* (duas versões). A narrativa que ele contém decorre da dramatização e da elaboração secundária próprias a todos os sonhos. Ela se adapta perfeitamente, portanto, à estrutura do romance.

Surpreendentemente, a última versão do episódio é a que parece a mais onírica, o de 1913 mais do que os de 1896, pelos aparentes absurdos que encerra, pois os primeiros relatos são perfeitamente lógicos. Ou Proust, rei do pastiche, torna-se mestre na arte de imitar os verdadeiros sonhos, de imaginá-los, de sonhá-los, utilizando, ademais, fontes científicas (não faltam obras sobre o sono e o sonho depois do ensaio de Maury citado por Freud), ou ele ressuscita um sonho até então censurado por sua memória, ou, ainda, foi assim que viveu o fim de um amor mais recente, aproveitado nessas páginas.

O que Freud escreve em *Sobre os sonhos* a propósito da condensação pode ser uma introdução ao sonho de Swann: "Posso formar um rosto único com traços retirados de vários outros; posso ver em sonho uma fisionomia bem conhecida e dar-lhe o nome de outra qualquer, ou então identificá-la completamente, mas colocá-la numa situação onde, na realidade, encontra-se outra pessoa. Nesses diferentes casos, é preciso encontrar o caráter comum aos diferentes motivos da combinação. A condensação de várias pessoas numa só confere a todas essas pessoas uma espécie de equivalência, ela coloca-as, sob um ponto de vista especial, no mesmo plano. Essa equivalência (...) na maioria das vezes só é descoberta durante a análise". As imagens parecem-nos menos estranhas assim que percebemos que elas resultam do trabalho de condensação do sonho. Cada detalhe pode representar várias ideias latentes dentro de uma formação compósita.

O *deslocamento* acontece quando um detalhe obscuro (mas que necessariamente aconteceu na véspera do sonho) torna-se essencial, às custas do que é mais claro. O detalhe fútil em aparência pode ser conectado pela análise a um elemento latente de primeira ordem para a psicologia do sujeito: o barrete de fez, por exemplo, talvez remeta à judeidade de Swann ou de Proust (era o chapéu masculino de todo o Império otomano).

O sonho expressa um desejo não reprimido, segundo Freud, um desejo reprimido ou ainda um desejo mal reprimido, mal disfarçado: "Este último sonho vem sempre acompanhado de uma sensação de angústia que o força a interromper-se". O trabalho de dissimulação exime aquele que dorme. Proust registra com frequência essa sensação de angústia: porque o sonho se torna a expressão "de um antigo desejo não realizado e há muito tempo reprimido". Swann sente, por duas vezes, "palpitações no coração, um sofrimento, uma náusea inexplicável". Jean Santeuil também.

"O inconsciente de Shakespeare", diz Freud, "permitiu-lhe compreender o inconsciente de seu herói", depois que um acontecimento real, acredita ele, levou-o a escrever o drama de Hamlet. Note-se, porém, que o sonho de Swann não pode ser um sonho exato de Proust, porque está cheio de elementos romanescos e personagens que sabemos pertencer ao romance (caso contrário, seria preciso supor, o que é pouco provável, que Proust sonha com seu romance, seus personagens, seu fim) e porque não podemos descrever o inconsciente de Swann como se fosse o de Proust, embora Proust destaque certos gestos de Swann como inconscientes: alguns heróis de romance podem ser imaginados com seus próprios inconscientes, como Zeno, o herói de Ítalo Svevo, aliás muito próximo do autor, que narra seus conflitos com a psicanálise; não é o caso aqui. Tampouco podemos falar em inconsciente do texto, como faz Bellemin-Noël no artigo "Psychanalyser le rêve de Swann" [Psicanalisar o sonho de Swann]. O relato desse sonho é conduzido por um romancista e lido como uma aventura por assim dizer organizada demais, como um conto fantástico ilustrando o fim de um amor: o que é de fato o propósito de Proust. Por toda parte, porém, transparecem ou irrompem elementos incontrolados, fatos absurdos, que poderiam figurar em *A interpretação dos sonhos*: mudanças de sexo, mulher barbada, jovem com um fez na cabeça (que também é o próprio Swann, evocando a viagem de Odette e dos Verdurin ao Oriente), Napoleão III (que também é Forcheville, amante de Odette), onda submergindo a falésia em que acontece a caminhada, incêndio. Esses elementos também podem ser interpretados em associação ao conhecido psiquismo de Swann ou de... Proust. O autor criou o sonho de Swann a partir de elementos provenientes dos seus próprios sonhos, que teria recordado? Teria deslocado e condensado seus próprios sonhos? Voltamos sempre à mesma questão.

Alguns críticos advertem que não devemos interpretar esses sonhos como sendo do autor ou uma expressão de seu inconsciente. Há que se observar, porém, que o próprio Freud não se sentiu freado por tais argumentos ao comentar Jensen, Shakespeare, Da Vinci. Pois os símbolos que constituem a literatura pertencem tanto ao indivíduo quanto ao tesouro comum da humanidade. *A interpretação dos sonhos* sugere uma lista de principais sonhos; esta existe para ser utilizada; e é seu autor quem fala em "símbolos de interpretação única": o imperador, por exemplo, remete ao pai.

Proust, aliás, comenta esse sonho: "Como certos romancistas, ele havia dividido sua personalidade entre dois personagens, aquele que fazia o sonho e aquele que ele via diante de si". É por "alguma vaga associação de ideias" que

Forcheville recebe o nome e a aparência de Napoleão III. Com sutileza, Proust registra o esforço de Swann para interpretar seu sonho ao mesmo tempo em que o está sonhando: "Das imagens incompletas e cambiantes Swann tirava falsas deduções". Mais espantoso ainda, ele tem um poder criador tão grande que reproduz a si mesmo por simples bipartição, como certos organismos inferiores. "Dos sentimentos e impressões de que ainda não tinha consciência, ele como que fazia nascer peripécias que, com seu encadeamento lógico, traria oportunamente ao sono de Swann o personagem necessário para receber seu amor ou provocar seu despertar". O barulho da campainha, que se torna, "nas profundezas desses abismos", um sinal de alarme, provoca o incêndio. O criado que vem acordar Swann torna-se o camponês que denuncia Charlus e Odette.

O que são esses sentimentos e essas impressões inconscientes, que sem dúvida contam mais que as causas exteriores, como a campainha?

Odette foi interpretada como uma figura materna, bem como a sra. Verdurin, mas uma mãe fálica: seu nariz se alonga como um pênis, ela tem grandes bigodes. O filho devolve à mãe um órgão masculino que ela não tem. Swann enquanto castrado (de camisola) precisa lidar com a mãe fálica. O mar, símbolo materno, envia respingos gelados que simbolizam o prazer recusado como em Combray. A camisola remete a essa situação noturna. O jovem sofre com a traição de Odette, que vai à casa do pai. Odette ora oferece, ora recusa seu falo. A castração está no centro da cena. Swann, a seguir, sente "ódio", "gostaria de furar seus olhos, esmagar suas bochechas", onde um crítico vê uma zona fálica. As "bochechas pálidas, com pequenos pontos vermelhos" de Odette anunciam o sonho dos ratos paternos em suas gaiolas. O pai então aparece: ele vai embora com Odette; é a fantasia da cena primária.

Nesse relato de sonho, dois dramas se desenrolam. O primeiro, manifesto, recapitula todo o amor de Swann, sua inveja, a perda de Odette finalmente aceita em meio à dor. Voltemos a uma primeira versão (1910) desse episódio na edição da Bibliothèque de la Pléiade; a função principal desse sonho é dizer adeus a Odette "tal qual ela havia sido para ele durante três anos". O sonho não conhece a cronologia e permite voltar atrás: "O calendário dos sonhos é como um calendário oriental, em que os meses só são contados em relação a uma festa há muito tempo passada em nossa casa". Curiosamente, os detalhes absurdos que pontuam o sonho estão quase ausentes dessa primeira versão. Já encontramos o cenário do passeio à beira-mar, com o senhor e a senhora Verdurin, Cottard, o pintor, a princesa Sherbatoff e Odette. A noite cai, eles têm medo de se perder. Françoise, outro nome de Odette, mais antigo, de *Jean Santeuil*, tem grandes bochechas: trata-se de uma fantasia proustiana, que reencontraremos em Albertine, e que a Odette inspirada em Botticelli inverte, com bochechas pálidas e encovadas, para enraizar a personagem no imaginário literário. A jovem mulher vai embora. Swann sofre terrivelmente. "Seu carinho por Françoise transformou-se em ódio", traço que encontramos na última versão, em que Swann gostaria de furar os olhos e esmagar as bochechas de Odette. Forcheville seguiu Odette. Sobre um fundo de sofrimento cardíaco reiterado, a sensação de abandono predomina. Por outro lado, não há mudança de sexo, nenhuma sra. Verdurin transformada em homem, nenhum Napoleão III, nenhum banho gelado sobre uma falésia elevada, nenhuma dissociação entre Swann e o jovem de fez, nenhuma camisola, nenhum camponês "coberto de queimaduras" que anuncia, em meio a um incêndio que destrói casas e faz os habitantes fugirem (evocando um quadro de Hieronymus Bosch), as relações pregressas de Odette e Charlus. No máximo Guercy, o futuro Charlus, foi testemunha das relações da jovem com Forcheville. A noite escura é comum aos dois textos. Odette ainda não tem os olhos cheios de ternura "prestes a se destacarem como lágrimas para cair sobre ele", os "olhos traidores" da mulher baudelairiana.

O segundo drama, latente, revive uma crise edipiana. Odette e Forcheville-Napoleão III tornam-se os pais, Swann e um jovem com ou sem fez, a angústia da castração, a culpa por ter surpreendido uma cena original. Essa crise é atribuída pelo autor ao herói, mas sem o seu conhecimento. Apesar de criar símbolos, ele não está consciente de seu sentido freudiano. O amor ligado ao ódio, a angústia que domina essa cerimônia de desapego amoroso é mais fundamental do que o próprio amor.

M.L. Miller destacou em *Nostalgia*, de 1956, os símbolos que lhe parecem importantes. Para ele, Proust retraça, aqui, as etapas pelas quais tentou renunciar à fixação à mãe e tranquilizar os pais identificando-se com a mãe e amando o irmão Robert. A mulher amada sofre, por ter traído, uma cruel punição, que visa seus olhos, como em "A confissão de uma jovem moça", de *Os prazeres e os dias*, e como Édipo. O alongamento do nariz da sra. Verdurin e seu bigode significam que não se deve ver os órgãos genitais femininos, temidos por causa da castração. A renúncia de Swann ao amor de Odette traduz o medo de rejeição, característica dos asmáticos. Swann começa então a ter medo do fogo, símbolo que Miller associa à mulher, referindo-se a Frazer e aos mitos. O jovem de fez é uma figura fraterna, amável. Há desvio dos desejos heterossexuais para os homossexuais e para a identificação com a mãe. A dor final de Swann está ligada ao desaparecimento da mãe. Proust construiu seu sonho como a sonata de Vinteuil, a partir de pequenos excertos diferentes: sonhos reais reunidos, revistos. Os sonhos de Proust recapitulam seu grande conflito interior: como renunciar à sexualidade para agradar à mãe, como sublimar os amores homossexuais? Sem o amor paterno, invejando a relação do pai com a mãe e o irmão, ele combate uma pulsão que o leva a imaginar ataques sadomasoquistas (o jovem camponês coberto de queimaduras) e a padecer o destino de Charlus.

O ponto fundamental é a renúncia ao amor incestuoso através da renúncia a Odette. Ela é abandonada à imagem paterna que combina Napoleão III, Forcheville, Charlus. A imagem materna é severa e masculina; é a sra. Verdurin. O jovem de fez simboliza a homossexualidade.

Se o sonho é a expressão de um desejo, podemos afirmar que, invertendo as aparências, Swann deseja romper com Odette. Mas qual o desejo de Proust? A renúncia ao amor por uma mulher, e pela mãe, em favor de jovens rapazes? O sonho pontua, em todo caso, o fim de um amor, por exemplo o do Narrador por Gilberte. A dor que ele sente deve-se ao fato de que um amigo agia para com ele "com a maior falsidade". Este homem não era outra pessoa que a própria Gilberte. Podemos sugerir que Proust, tendo feito esse sonho, atribui-o a uma mulher, invocando hipocritamente o fato bem conhecido de que os sonhos invertem os sexos. Essa metamorfose revela uma homossexualidade latente.

Capítulo 4

Sonho da avó

Podemos aproximar ao sonho de Swann o sonho do Narrador com a avó, em *Sodoma e Gomorra*, que retoma certas notas mais breves da Caderneta de 1908, especialmente o papel do pai. O confronto entre esses diferentes textos mostra a avó como uma transposição literária da mãe morta. A trama da narrativa retoma a *Odisseia*, a *Eneida* e a *A divina comédia*. A descida aos infernos é simbolizada pela alusão aos rios, o Lete "de sêxtuplas sinuosidades" no início da descida, "o rio de inúmeros meandros" no "retorno à superfície", e seus habitantes, aqui resumidos numa admirável estilização, ou condensação, como "grandes figuras solenes, [que] nos aparecem, nos abordam e nos deixam, nos abandonam em lágrimas". Essa descida faz mergulhar no inconsciente, no próprio corpo do sonhador.

Primeiro há um sonho de angústia: "Mundo do sono, onde o conhecimento interno acelera o ritmo do coração ou da respiração, porque uma mesma dose de temor, de tristeza, de remorso, age com uma potência centuplicada quando assim injetada em nossas veias". A seguir, a exploração dos infernos em busca do ser amado prossegue na solidão: "Meu pai, que devia conduzir-me até ela, não chegava". O sentimento de culpa se manifesta: "A respiração me faltou, senti meu coração como que endurecido". O Narrador esquece de escrever à avó, que está sozinha num pequeno quarto. Ele não a verá. É o pai que se faz seu mensageiro: "Ela às vezes pergunta o que você se tornou. Dissemos que você ia até escrever um livro. Ela pareceu contente. Enxugou uma lágrima". Ela diz, portanto, o contrário do sonho transcrito na Caderneta I, em que não se importava com sua obra. Mas sabemos que o sonho pode comunicar uma coisa com seu contrário.

Em vez desse encontro, a lembrança de outro sonho, ou um sonho de um passado mais distante, mas posterior à morte da avó, aparece como uma história dentro da história. A avó pede ao neto que a deixe vê-lo de tempos em tempos: "Lembre-se de que foi meu neto e de que as avós não esquecem". Voltando ao presente do segundo sonho, o Narrador pronuncia as palavras que ele se recrimina de não ter dito: "Mas, vovó, você me verá o quanto quiser, só tenho você no mundo, não a deixarei nunca mais". O pai de novo se recusa a conduzir o filho ao endereço da morta, endereço que ele perdeu. Além disso, ele diz que "ela não é mais a mesma". Ele aparece como aquele que conhece os segredos da vida e da morte. O filho lhe pede: "Mas diga-me, você que sabe, que não é verdade que os mortos não vivem mais. Não é verdade, de todo modo, pois vovó ainda existe". E o pai, que Proust nunca fez falar tanto, responde: "Oh!, bem pouco, sabe, bem pouco". O tema do abandono tem aqui duplo sentido: o Narrador sente-se abandonado, mas empresta seus próprios sentimentos à avó morta e julga-se culpado por sua morte. O pai, por sua vez, barra o acesso à mãe e faz o contrário do pai de Combray, que capitulou e disse à mãe que fosse com o pequeno. Como ela está morta, ele abre o caminho para o luto e para o futuro.

Em geral esquece-se de citar esta outra etapa no caminho da vida, a resolução da crise edipiana. O pai não foi vencido o suficiente.

Sabemos que Proust fez esses sonhos com a mãe morta (e o pai vivo) durante seu luto, do qual eles constituem etapas. Ele os reconstitui, aqui, a propósito da morte da avó. Essas páginas emanam e provocam uma emoção pungente. Devemos pensar, como Freud comentando sonhos com parentes mortos, que Proust deseja a morte da mãe? Ou o sonho com parentes mortos só tem esse sentido quando eles estão vivos? Ele conserva seu sentido aparente, nas etapas do luto? Mas o que mais diz Freud? "Os sonhos com mortos queridos colocam à interpretação problemas difíceis (...). Pode-se encontrar a razão para isso na ambivalência afetiva em relação ao morto. É comum que, em sonhos semelhantes, o morto seja a princípio tratado como um vivo, depois, bruscamente, que se considere que está morto e, a seguir, que ele continue vivo." Essas alternâncias representam a indiferença desejada pelo sonhador. E suas atitudes com frequência contraditórias: quando não lembra que o morto está morto, o sonhador identifica-se com ele, sonha com a própria morte; no caso inverso, protege-se dessa identificação, "nega que se trate de sua própria morte".

O herói "reatravessa o rio de inúmeros meandros" que retoma o "Lete interior de sêxtuplas sinuosidades" do início da narrativa onírica, repetindo as seguintes palavras: "cervo, cervo, Francis Jammes, garfo". O advérbio "sucintamente" encontra-se no manuscrito e foi suprimido do original: talvez tenha aparecido numa carta, aliás muito elogiosa, de Francis Jammes sobre *No caminho de Swann*, que não conhecemos mas que é mencionada por Proust com emoção em sua correspondência, ou num artigo crítico lido por Proust, ou numa fala sobre sua obra: alguém pode ter-lhe sugerido que se expressasse mais "sucintamente" e Proust, ofendido, sonhou com a palavra; cabe observar que este advérbio não aparece em nenhum outro ponto de *Em busca do tempo perdido*. Seria preciso que esses detalhes (esclarecidos por Lilian Fearn num belo artigo de 1967), caso o sonho seja totalmente autobiográfico, tivessem ocorrido a Proust na véspera de seu sonho e talvez, mas não necessariamente, de sua redação: eles designam os cumprimentos e as críticas do poeta (as últimas a respeito da cena de Montjouvain, que Jammes sugeriu a Proust que suprimisse). "Cervo, cervo" remete à *Lenda de são Julião Hospitaleiro*, dos *Três contos*, que reescreve a *Legenda áurea*, quando Julião é avisado por um cervo que ele matará o próprio pai e a própria mãe, duplo crime edipiano: "Maldito! Maldito! Maldito! Um dia, coração feroz, assassinarás teu pai e tua mãe!". (Sempre o sentimento de culpa: numa página da primeira Caderneta, Proust escreve: "São Julião Hospitaleiro, citá-lo em Van Blarenberghe. Lembrar-se sempre.") Depois vem o momento da memória involuntária marcada pelo choque de um garfo contra um pires, que evoca o barulho dos operários batendo os trilhos do trem na chegada a Combray. A lembrança involuntária representa, aqui, um apelo à criação literária: depois da morte, a ressurreição.

"Lembrar-se sempre": aquilo de que sempre nos lembramos e que se torna uma obsessão não acaba sendo sonhado? Restaria perguntar se o próprio Proust condensou vários sonhos, no mínimo três, num só. Pois a origem desses diversos elementos tem datas muito diferentes: Jammes remete a uma carta de 1913, Flaubert a 1907, o garfo ao Caderno de Rascunho ou Esboços 24, datado de 1909. Mas a análise desses detalhes aparentemente insignificantes confirma a teoria freudiana do sonho, em particular a do deslocamento. Por outro lado, eles também integram o sonho ao desenvolvimento da narração. Do sentimento de culpa do homem que teme ter matado os pais, ao menos simbolicamente, ao homem que foi julgado, por um grande poeta, culpado de ter introduzido em seu romance uma cena de homossexualidade e de profanação da imagem paterna (ou materna invertida), passando ainda por aquele que reencontra o tempo perdido graças ao som aparentemente insignificante de um garfo, todo *Em busca do tempo perdido* é maravilhosamente condensado em poucas palavras de aparência absurda.

Capítulo 5

Édipo

Na vida de todo grande artista há uma carta perturbadora que narra o momento fulminante da vocação, ou melhor, da obra principal à qual seu nome permanecerá ligado. Como Wagner escrevendo a Liszt depois da criação da *Tetralogia*. Como Freud a Fliess, em 15 de outubro de 1897: "Encontrei, também em mim, sentimentos amorosos pela mãe e de ciúme pelo pai, e agora considero-os como um acontecimento geral da primeira infância (...). Se assim for, é compreensível a força arrasadora do Édipo Rei. (...) Cada ouvinte um dia foi, em gérmen ou em fantasia, esse Édipo, e, diante de tal realização de um sonho, transportado para a realidade, recuando de medo diante de toda a carga de repressão que separa seu estado infantil de seu estado atual". Essas palavras, como a análise de Hamlet que as seguem, foram retomadas em *A interpretação dos sonhos.* Aqui, guardaram o frescor, mas também a violência, da descoberta.

Proust precisa da brutalidade sangrenta de um incidente para apropriar-se por sua vez, dez anos depois, do mesmo mito. Um homem de suas relações, Henri Van Blarenberghe, que acaba de perder o pai, mata a mãe num acesso de demência e depois se suicida. Proust lê todos os detalhes dessa história atroz na imprensa, e não esquece um sequer. Ele só consegue libertar-se do choque pela escrita, num artigo que *Le Figaro* pediu-lhe e aceitou publicar (sem o último parágrafo). Ele não mencionará mais o crime ou o artigo, que no entanto é uma obra-prima. Proust não menciona apenas um mito, mas três: Ajax, pela loucura; Édipo, pelo parricídio e pela enucleação; Orestes, que parece ter escapado a Freud. No último parágrafo, cortado pelo jornal, Proust evoca o altar sagrado, muito venerado pelos antigos, o túmulo de Édipo em Colona e o "túmulo de Orestes em Esparta, este Orestes que as Fúrias haviam perseguido até os pés de Apolo e Atenas, dizendo: 'Expulsamos para longe dos altares o filho parricida'". Ele quer "mostrar que esse incidente foi exatamente um desses dramas gregos, cuja representação era quase uma cerimônia religiosa". O "pobre parricida" fora levado pela mais inelutável fatalidade psicológica ao crime e à expiação.

Segundo Freud, o desejo de matar o pai e casar-se com a mãe existe em todos os homens. Começa-se a destacar, porém (especialmente Hendrika Halberstadt-Freud), que o Édipo proustiano é o Édipo freudiano invertido. Blarenberghe mata a mãe, não o pai, como Orestes. O assassinato da mãe, em Proust, como em Freud o do pai, é simbólico; retomando as palavras da sra. Van Blarenberghe ao morrer, Proust comenta: "'O que fizeste comigo! O que fizeste comigo!' Pensando bem, talvez não haja uma única mãe realmente amante que não possa, em seu último dia, às vezes muito antes, fazer essa crítica ao filho. No fundo, envelhecemos, matamos tudo o que nos ama com as preocupações que causamos, com a inquieta ternura que inspiramos e constantemente alarmamos".

E se a srta. Vinteuil mata simbolicamente o pai cuspindo na fotografia dele, comentaristas viram nisso a transposição da figura da mãe. Da mesma forma, ela é transposta para o personagem da avó, que ilustra e é a representação da última página de "Os sentimentos filiais de um parricida". O Narrador sente-se culpado pela morte da avó, assim como pela de Albertine: por duas mulheres, e por nenhum homem, nem avô, nem pai, nem amante. Existe de fato um complexo de Orestes.

Mas também um complexo de Édipo. Pois Proust personifica o pai no personagem do doutor Cottard; a admiração da sra. Cottard pelo marido, sua tristeza ao descobrir cartas que provavam que ele a enganara, sem dúvida eram inspiradas – outro assassínio literário e simbólico – na sra. Proust.

O herói de toda ficção é o ego que se revela a si mesmo, referindo-se ao tempo "em que ele era um herói em virtude de seu ato heroico inicial: a revolta contra o pai". É o Narrador, referindo-se à cena do beijo ao anoitecer em Combray, que marca a capitulação do pai, na simples frase dirigida à esposa: "Vá com o pequeno". E se isso foi há muito tempo, e se o Narrador ainda pode ouvi-la no fundo de sua memória ou num afloramento do inconsciente, é porque ela nunca deixou de marcá-lo, de constituir sua neurose e seu sentimento de culpa.

Virá o dia em que o herói, em *A prisioneira*, se identificará com o Pai. Ele reina como um déspota sobre seu círculo, comporta-se com Albertine como com Ester Assuero, mas ao mesmo tempo é traído, presa do ciúme mais mórbido. Em outro lugar, ele é o filho, vítima que sofre. Também no último "romance biográfico" de Freud, *Thomas Woodrow Wilson: um estudo psicológico*, escrito em colaboração com W. Bullit, vemos o homem de Estado identificado ao pai, que dá a lei e é onipotente, mas também ao filho, vítima sacrificada, destinado à traição e ao martírio.

O sentimento de culpa expresso em *O tempo redescoberto* é descrito por Freud nos seguintes termos, em sua conferência sobre a feminilidade: "Em certas camadas de nossa população, ainda hoje, ninguém pode morrer sem ter sido morto por outro, de preferência o médico. E a reação neurótica regular à morte de uma pessoa próxima é a autoacusação: nós mesmos causamos aquela morte". E também: "A autocrítica e a consciência moral podem, em alguns, ser inconscientes e produzir os efeitos mais significativos".

Desse mesmo sentimento de culpa, Proust, entre muitas ilustrações, apresentou inconscientemente a seguinte. Ele leu em *O templo sepultado*, de Maeterlinck, uma frase que ele cita em sua tradução de *Sesame and Lilies*, de Ruskin: "Como é possível que uma flecha, lançada por um cego na multidão, atinja por acaso um parricida". Essa citação bastaria para, sozinha, expressar a responsabilidade de matar os pais. Mas há mais: em seu pastiche de Maeterlinck, Proust amplifica a frase de maneira cômica (é o *witz* freudiano) e realiza uma mudança de termos altamente reveladora: "Sem dúvida não é impossível que uma flecha, lançada da torre de uma catedral por uma louca que teve os olhos vendados, venha, no meio de um grupo de patinadores cegos, atingir justamente um hermafrodita". O parricida é o hermafrodita. Ele é responsável pela morte dos pais, como nos contos de *Os prazeres e os dias*, "Antes da noite", "A confissão de uma jovem moça". Ele deve morrer, atingido pela deusa da Fortuna de olhos vendados. E Freud: "Mesmo que o homem tenha reprimido suas pulsões negativas no inconsciente e queira a seguir dizer que não é responsável, ele não é menos obrigado a sentir em si mesmo essa responsabilidade como um sentimento de culpa cujo fundamento lhe é desconhecido".

No entanto, apesar do Narrador proustiano sentir-se culpado por ter feito os pais capitularem na cena do beijo noturno, estes é que são culpados por cederem a ele. Além disso, o pai de Proust é culpado de infidelidade em relação à mulher. Proust e o erro oculto do pai? Quando ele descobre sua existência? Tão próximo da mãe, Marcel não pode não sofrer pelas amantes do doutor Proust (conhecemos fotos de atrizes com dedicatórias amistosas e uma viagem ao Egito ao lado de uma bela senhora) ou pelo casamento forçado do irmão Robert (casamento que não constitui um incesto, mas o representa: ele se casa com a filha da segunda esposa, da esposa escondida de seu pai...). As perturbações de "O homem dos lobos" começaram no dia em que ele descobriu a infidelidade do pai com a mãe. Proust pune-se inconscientemente pelos erros do pai, como Marie Balmany afirmou que Freud fazia? Será nisso que devemos buscar a fonte de sua neurose? Quando ele diz que na vida de Dostoiévski, também assombrado pela figura do pai, há uma falta e um castigo, não necessariamente interligados, será a mesma coisa?

Quando Marcel se culpa por ter matado a mãe (e o Narrador, a avó), ele está assumindo o erro do pai. Um erro que ele também atribui a seu personagem, o dr. Cottard (num esboço publicado na edição da Bibliothèque de la Pléiade), e que ele sonha atenuar junto à sra. Cottard, como o próprio Proust deve ter feito com a mãe.

"A autoridade paterna desperta", escreve Freud em *A interpretação dos sonhos*, "a crítica da criança, ela cedo aprende a ver todas as fraquezas do pai a fim de escapar à severidade de suas exigências; mas a piedade que cerca a pessoa do pai, especialmente após sua morte, torna mais rigorosa a censura, que afasta toda expressão consciente desta crítica." Em contrapartida, o romance pode expressá-la de maneira transposta, deslocada. *Em busca do tempo perdido* apresenta pais que são vítimas dos hábitos dos filhos, como Vinteuil, eles são escondidos, esquecidos, renegados, como Swann por Gilberte, que preferirá o nome do padrasto e se fará chamar Gilberte de Forcheville.

O pai do Narrador de *Em busca do tempo perdido* é irrepreensível, mas ausente, mesmo na cena do beijo da noite, onde ele se ausenta e capitula: não é ele quem lê histórias para o filho para fazê-lo dormir! No entanto, ele não é médico. A figura paterna do médico, homóloga a Adrien Proust, é o dr. Cottard. E é dele o erro secreto que descobrimos, nesse esboço inédito: a infidelidade. Devemos dizer os erros? O materialismo, a vulgaridade, a má educação, a inteligência limitada, o fato de expor-se ao riso, a bufonaria, em suma? Um pai distinto é substituído por um pai ridículo, um dos personagens cômicos mais engraçados de *Em busca do tempo perdido*. Os erros do pai não podem ser enunciados, mas o romancista tem o poder e a permissão de deslocá-los para outros personagens: como eles são inventados, escapam à censura e ao recalque.

A mãe de Proust também tem responsabilidades. Lembremos o que Freud escreve sobre a mãe de Leonardo: "A ternura excessiva da mãe de Vinci foi-lhe fatal, ela selou seu destino, provocando as faltas de seu ser e de sua vida (...). À maneira das mães insatisfeitas, ela colocou o menininho no lugar do esposo e, por uma maturação precoce demais de seu erotismo, despojou-o de uma parte de sua virilidade". Leonardo proíbe-se todas as mulheres e toma como objeto de amor aquele que sua mãe havia amado: "O jovem rapaz, imagem fascinante onde ele encontrava ao mesmo tempo seus próprios traços e os vestígios da paixão materna". É sem dúvida por isso que, em *Jean Santeuil*, mais ingênuo, menos experimentado que *Em busca do tempo perdido*, H. Halberstadt-Freud observou-o, os jogos de culpa sempre giram em torno da mãe, nunca do pai.

Capítulo 6

Primeiros relances do inconsciente proustiano

Arrancar da noite e do silêncio o que não é visível, nem audível nem dizível, este é o objetivo de Proust. Transformar em consciência a experiência mais ampla possível, como disse Malraux, mas uma experiência interior. O inconsciente, para Proust, que emprega a palavra mais como adjetivo do que como substantivo, é o domínio do involuntário (o Narrador acredita-se, aliás, atingido por uma "doença da vontade", expressão de época, patologia tratada numa obra de Ribot), dos instintos, dos gestos mecânicos, dos desejos, dos lapsos, dos esquecimentos de nomes próprios. Não estamos longe das pulsões freudianas, e mais tarde dos tropismos de Nathalie Sarraute. É o mundo que o Proust adolescente começa a observar, quando ele confidencia a seu mestre Darlu sofrer de uma dissociação constante: um eu observa o outro, o consciente procura o inconsciente, o superego o ego (ou o id). Não sem dor: "Quando comecei, perto dos catorze ou quinze anos, a fechar-me em mim mesmo e a estudar minha vida interior, isso não aconteceu sem sofrimento, pelo contrário. Mais tarde, por volta dos dezesseis anos, isso se tornou intolerável, principalmente fisicamente, eu sentia uma fadiga extrema, uma espécie de obsessão". Ele conseguiu, no entanto, reagir no ano seguinte contra "o esgotamento e o desespero causado por essa dissociação constante".

A partir de *Jean Santeuil*, Proust escreve que "parece ser nas partes ocultas à consciência que nossa vida instintiva continua a se desenvolver ao longo de toda a nossa existência, como nosso pulso que bate e nosso sangue que circula". Depois de observar os movimentos que se operam sem nosso conhecimento, o amor que persiste, a mágoa de um luto, um gesto caridoso: "Somente nossos atos que continuaram em relação com o instinto verdadeiro, que nosso cérebro não percebe mais, testemunham sua sobrevivência". O que significa que o ato manifesta, como signo, a paixão inconsciente. Jean Santeuil sentava-se diante de uma folha de papel e "escrevia sobre o que ele ainda não conhecia, sobre aquilo que o convidava sob a imagem que ocultava (e que não constituía absolutamente um símbolo), e não sobre aquilo que por raciocínio teria lhe parecido inteligente e belo".

As recorrências de *Em busca do tempo perdido* são muito mais numerosas do que no corpus romanesco da época. A frequência das palavras "inconsciente", "inconscientemente", "inconsciência" e "subconsciente" mostra que para Proust, como para Freud, é o inconsciente que nos conduz. É por isso que em nossa conduta tudo está para ser decifrado, traduzido, interpretado. Empregando palavras da família do inconsciente, Proust destaca que o comportamento dos personagens é amplamente inconsciente, e mesmo mais: é toda a conduta deles que pode escapar à consciência, inclusive a linguagem. Além disso, as provas da existência do inconsciente dadas por Freud, por exemplo em *Metapsicologia*, são os signos que Proust reproduz, descreve, interpreta: atos falhos, lapsos, sonhos, recordações. "Se considerássemos a existência de todas as nossas recordações latentes", escreve

Freud, "seria perfeitamente inconcebível contestar o inconsciente." Proust é o romancista que construiu sua obra sobre as recordações latentes.

Os personagens de *Em busca do tempo perdido* não passam de sensação, instinto, hábito: tudo começa sendo sensação, todo comportamento está baseado no instinto, e o que não é torna-se hábito. E tudo isso é primeiro inconsciente. O simples fato de não se ter consciência de... O sr. Swann é "o autor inconsciente" das tristezas do Narrador. O próprio da sensação: experimenta-se "o bem-estar inconsciente" de um dia de verão. E dos sentimentos: a maioria dos sentimentos aparece de maneira inconsciente, como "o sentimento inconscientemente diabólico", a "ferocidade inconsciente" do avô. Pode-se infligir uma "vingança inconsciente", fazer prova de uma "tolice inconsciente". A linguagem fala por si, bem como nossas alusões, nossos raciocínios. Há um "inconsciente relembrar" de certas palavras. As frases mais reveladoras, como tantas confissões, escapam dos personagens sem eles perceberem. É preciso, portanto, e esta é uma das funções do Narrador, interpretar: "As palavras em si mesmas me informam, desde que sejam interpretadas". Um advérbio pode, assim, manifestar sozinho a conflagração latente de duas ideias.

E, por certo, a sexualidade começa como inconsciente. O desejo por uma mulher de monóculo ou por uma amazona, a que "sonho duradouro e inconsciente está ligado?", pergunta o Narrador. A propósito da homossexualidade masculina, Proust descreve a jovem que desperta "no inconsciente desse corpo de homem em que está encerrada, e que representa um admirável esforço inconsciente da natureza: o reconhecimento do sexo por ele mesmo". É por isso que há dois sr. De Charlus, o "intelectual" e o "subconsciente" (essa palavra faz parte do vocabulário de Janet). O amor proustiano é feito de ciúme, que, observa o Narrador, é "essa curiosidade a que participam todas as forças de minha inteligência e de meu inconsciente".

O lugar, o tempo em que de preferência se expressa o inconsciente é sem dúvida o sono, onde levamos "a vida inconsciente dos vegetais". O sono é uma verdadeira morte, e o despertar é, como a ressurreição, um fenômeno de memória. Há o importante texto de *O caminho de Guermantes* sobre o "sono inconsciente": com ele atingem-se os "antros onde as 'autossugestões' preparam, como feiticeiras, o infernal ensopado das doenças imaginárias ou o recrudescimento das moléstias nervosas". Não se trata de uma imagem do inconsciente tão evocativa quanto a do lago esquecido? Depois disso, Proust faz o inventário capital de todos os sonos, inclusive o do sonho com os pais numa gaiola de ratos.

Passa-se naturalmente do que é inconsciente para o próprio inconsciente, e é aqui que encontramos Freud. Acima da inteligência, escreve Proust a Jacques Rivière, coloco o inconsciente. Minha atenção, ao explorar meu inconsciente, diz o Narrador de *O tempo redescoberto*, procurava o livro interior de signos conhecidos, leitura que é um ato de criação. Ela "procurava, abalroava, contornava, como um mergulhador em suas sondagens". O herói de *Em busca do tempo perdido*, como as heroínas de *Os prazeres e os dias*, como Jean Santeuil, contemporâneos exatos das cartas a Fliess, volta seu olhar para si mesmo e pratica, como seu autor, uma autoanálise: "Aquilo que não conseguimos decifrar, esclarecer por meio de nosso esforço pessoal", escreve Proust, "aquilo que era antes de nós, não é nosso. Só vem de nós mesmos aquilo que retiramos da escuridão de nosso interior e que os outros não conhecem". Essa escuridão encontra-se, ele acrescenta um pouco adiante, "nas profundezas onde o que realmente existiu jaz desconhecido de nós". O que é "a escuridão que está em nosso interior" senão o inconsciente? Mas também a memória, a memória involuntária, que está num reservatório e retorna, à espera de uma solicitação, sensação presente, sonho... Freud descreve todo esse material de natureza explosiva, antigo ou recente: as ideias e os afetos reprimidos, bem como as pulsões sob sua forma originária, precisam se dissimular para chegar à consciência. O inconsciente está repleto de desejos, isento de dúvidas, adiamentos, lógica. Proust destaca esse ilogismo a propósito dos sonhos.

O artista está duplamente submetido ao inconsciente, como objeto de estudo e como sujeito de análise. Como Elstir, ele tem um "dom inconsciente" do qual extrai a lei e a fórmula. Uma parte de sua obra lhe escapa: "o organismo inconsciente e generalizável onde se abriga a ideia", "a grande ossatura inconsciente" que as ideias recobrem. Há na criação artística algo mais que a inteligência: "Cada dia acredito menos na inteligência", escreveu o autor de *Contra Sainte-Beuve*, ele mesmo muito inteligente. Nosso inconsciente é mais perspicaz do que nós mesmos, diz o Narrador de *Albertine desaparecida*. Contudo, é preciso começar pela inteligência, e não por "um intuitivismo do inconsciente". A vida nos ensina, este é o tema do romance, que "o que é mais importante para nosso coração, ou para nossa mente, não nos é ensinado pelo raciocínio, mas por outras forças. E, assim, é a própria inteligência que, percebendo a superioridade delas, abdica racionalmente diante delas e aceitar tornar-se sua colaboradora e serva". Atrás dessas outras forças está o inconsciente, elas estão nele.

Capítulo 7

Arqueologia

As grandes descobertas científicas, inclusive em ciências humanas, são feitas através do empréstimo de modelos de outras ciências. Sem esses empréstimos, essas mestiçagens, essas sínteses audaciosas, essas rupturas com a grande convenção universitária e acadêmica, não existe progresso do saber nem das artes. É possível ter vários modelos: a ciência da evolução e Darwin, que encontramos tanto em Freud quanto em Proust (*Sodoma e Gomorra I*), a biologia, a botânica (a fecundação da orquídea e *A inteligência das flores*, de Maeterlinck, utilizadas em *Sodoma I*). O modo de pensar dos dois homens toma conscientemente de empréstimo a arqueologia, na época em pleno desenvolvimento, de Schliemann a Evans ou Maspero: Mesopotâmia, Creta e Egito estão no centro de seus estudos. Proust estende o âmbito da disciplina à arqueologia medieval. Quanto a Pompeia, cara aos dois, ela faz parte do saber comum do homem culto desde o século XVIII: está madura para uma interpretação simbólica, portanto, tanto quanto as cidades bíblicas de Sodoma e Gomorra.

Freud, já se disse, compara a investigação do inconsciente e do passado à arqueologia, confessando assim sua paixão por esta disciplina. Proust não utiliza a imagem a propósito da investigação do passado, mas as explicações dadas por Elstir sobre a igreja de Balbec foram inspiradas nos livros de Émile Mâle, e a cripta merovíngia da igreja de Combray em Michelet e Augustin Thierry.

Os dois autores sempre voltam no tempo e sempre descem às profundezas. Sob o que é vivido, dito, feito, há coisas a serem desenterradas. Na presença espacial da palavra e do gesto, nesse presente, sob a primeira camada aparente, há camadas mais profundas, qual Troias superpostas. Schliemann é um dos guias de Freud, que compra seu *Ilios*: "Este homem encontrou a felicidade ao descobrir o tesouro de Príamo, porque somente a realização de um desejo infantil é capaz de gerar a felicidade", escreve ele a Fliess em maio de 1899. Em dezembro, ao descobrir num paciente "uma cena que remonta à época primitiva, antes de seus 22 meses, profundamente sepultada sob todas as fantasias", ele exclama, identificando-se com seu herói: "É como se Schliemann tivesse de novo trazido à luz a cidade de Troia, que acreditávamos imaginária". E em 1913: "A penetração na fase pré-edipiana da menina nos surpreende como, em outro campo, a descoberta da civilização creto-micênica anterior à dos gregos".

Para encontrar a cena primitiva, o psicanalista vasculha as fantasias. O mesmo acontece em relação ao tempo, que precisa ser percorrido até a infância: as pesquisas do arqueólogo se assemelham à da memória voluntária, no início de "Combray". Depois haverá, subitamente, a irrupção da memória involuntária, análoga ao achado inesperado do pesquisador. Mas também a palavra e o gesto reveladores do inconsciente, como uma palavra de Albertine (se fazer arrombar o...), e também de Proust, pois esta não é uma expressão utilizada pelas mulheres: Proust revela que seu personagem é um travesti, que sua mulher é um homem. Albertine é um homem como Charlus é uma mulher ("Ele era uma!").

Num de seus últimos artigos, "Construções em análise" (1937), Freud retoma em detalhe o paralelo entre o analista e o arqueólogo. Este reconstrói edifícios inteiros restaurando as partes que faltam. O analista faz o mesmo, mas trabalha com material vivo, com "algo que ainda vive". A memória proustiana também reconstrói e interpreta. Ela se esforça igualmente em datar as recordações, as camadas superpostas do passado, ressuscitar "alguma coisa que ainda vive". O romancista goza de um privilégio suplementar: ele pode inventar. Mas sabe-se que Proust, de certo modo, ele mesmo o afirma, por denegação, a propósito dos Larivière primos de Céleste Albaret, não inventa nada.

Nada se perde

Lê-se em *O mal-estar na cultura*: "Imaginemos [que Roma] não seja um lugar de habitações humanas, mas um ser psíquico de passado igualmente rico e distante, onde nada do que uma vez ali se criou se perdesse, e onde todas as fases recentes de seu desenvolvimento convivessem com as antigas".

Porque, segundo Freud: "Nada na vida psíquica pode se perder, nada do que se formou desaparece, tudo é conservado de alguma forma e pode reaparecer em certas circunstâncias favoráveis...".

Proust, por sua vez, a propósito de um detalhe ínfimo, um "mexerico", escreve em *À sombra das raparigas em flor*: "esse mexerico me esclareceu sobre as proporções inesperadas de distração e presença de espírito, de memória e de esquecimento, que formam a mente humana: e fiquei tão maravilhado de surpresa quanto no dia em que li pela primeira vez, num livro de Maspero, que conhecia-se exatamente a lista dos caçadores que Assurbanipal convidava para suas caçadas, dez séculos antes de Jesus Cristo". Como sempre, Proust introduz elementos de saber técnico nas imagens, onde, em vez de parecerem pedantes, eles produzem um efeito poético ou humorístico. Para reintegrar esses elementos ao âmbito do saber enciclopédico, é preciso decompor a imagem em elementos distintos, como na análise do sonho.

Ele havia falado mais a respeito disso num artigo de março de 1907, antes de começar a escrever *No caminho de Swann*, passagem aliás cortada pela direção do *Figaro*, que publicou o artigo. Os poetas cantaram a vida fadada ao esquecimento, que devora "o que parecia durar com mais certeza na memória dos homens". "Mas eis que os arqueólogos e os arquivistas nos mostram, ao contrário, que nada é esquecido, nada é destruído, que a mais frágil circunstância da vida, a mais afastada de nós, deixou seu sulco marcado nas imensas catacumbas do passado onde a humanidade conta sua vida hora por hora; que não há um território em Creta, no Egito ou na Assíria que não espere, desde os primeiros tempos, que a História venha se ocupar dele." E, depois de mencionar os trabalhos de Lenôtre sobre a vida cotidiana durante a Revolução: "Próximo ou distante, quase contemporâneo a nós ou ante-histórico, não há um detalhe, um contorno de vida, por mais fútil ou frágil que pareça, que tenha perecido". É preciso ler "nessa imensa sobrevida de tudo o que surgiu na superfície da terra" um apelo otimista (como sempre em Proust, que gosta de citar a frase que Ruskin atribui a são João: "Trabalhai enquanto tendes à Luz") ao trabalho dos historiadores, dos romancistas, dos psicólogos, do conjunto das ciências humanas.

O tema de Pompeia

Em seus *Estudos sobre a histeria* (1895), Freud comparou sua técnica à escavação de uma cidade antiga. Ele mostra ao paciente, "o homem dos ratos", os objetos antigos sobre sua escrivaninha, análogos às impressões sepultadas no inconsciente: "É graças ao sepultamento que esses objetos se conservam. Pompeia só está em ruínas agora, depois que foi desenterrada". Freud compara esse sepultamento ao recalcamento, em *Delírios e sonhos na Gradiva de Jensen*: "O recalque, que tanto torna o psíquico inacessível quanto o mantém intacto, só pode, de fato, ser bem comparado ao sepultamento, tal como foi o destino de Pompeia e para fora do qual a vida pôde renascer pelo trabalho de escavação". Ora, esse conto poético se passa em Pompeia, como sabemos, e tem como herói um arqueólogo. É compreensível que tenha fascinado Freud.

Mas o que acontece quando os objetos não são encontrados intactos, quando uma restauração revela-se necessária? "Completei", ele diz a respeito de Dora, "o que estava incompleto, mas, como um arqueólogo consciencioso, não deixei de mencionar em cada caso o que acrescentei às partes autênticas". Proust, por sua vez, utiliza a imagem da restauração a propósito do deslocamento em sonho: "como esses santos mutilados das catedrais, que arqueólogos ignorantes recompuseram". Na ressurreição pela memória involuntária não há, ao contrário, partes restauradas, não há dificuldade de datação. Em todo caso, Proust não as menciona. No entanto, é a narrativa, a história que quer ser longa, que serve de interstício, de preenchimento, de restauração, introduzindo na antiga recordação partes modernas, que constituem o romance, assim como a análise freudiana.

Por outro lado, o arqueólogo – observa Proust a propósito das jovens no dique de Balbec, que perderam o poder mágico de suas primeiras aparições – informa-nos que Minos não era uma criatura divina, mas um rei como os outros. Essa realidade despoetizada, esse passado tornado prosaico é análogo à fantasia a que o psicanalista retira o prestígio.

Pompeia, tanto em Proust quanto em Freud, goza de um grande poder de atração e de simbolização. O veículo a cavalo que leva para casa o neto e a avó que sofreu um ataque projeta, ao poente, uma sombra negra num muro avermelhado, "como um carro fúnebre numa terracota de Pompeia". A cidade também está ligada à morte, durante a guerra de 1914, quando Charlus imagina Paris sepultada pelas bombas e seus habitantes carregando os objetos de valor conservados pela lava: "Quando penso", diz Charlus, "que amanhã podemos ter o destino das cidades do Vesúvio, estas sentiam que estavam ameaçadas pelo destino das cidades malditas da Bíblia. Descobriu-se na parede de uma casa de Pompeia uma inscrição reveladora: *Sodoma, Gomorra*". No fundo da cidade fúnebre, figura do inconsciente, encontramos um sentimento de culpa ligado a Sodoma.

Compreende-se, então, o culto que o adolescente Proust dedicava a Plínio, o Jovem. Este, nas duas cartas que antigamente eram traduzidas pelos alunos nas escolas, onde ele narra a erupção do Vesúvio, relata como salvou a mãe impotente da morte carregando-a nos braços, apesar das súplicas desta para que ele partisse sozinho. Pompeia também é o local onde o jovem que Proust gostaria de ter sido deu à mãe a maior prova de amor. Freud nos ensinou ("Um tipo especial de escolha de objeto feita pelo homem", 1910) o que significa a fantasia que consiste em salvar o pai e a mãe. Ela vem do desejo infantil de devolver aos pais o dom da vida. Por trás desse desejo, porém, há outro: ter um filho com a mãe, tornando-se assim seu próprio pai.

Capítulo 8

Memória

A memória equivale a um arquivo? É o que Freud diz ao abordar, em 1898, a função da memória: "Gostamos de imaginar a nós mesmos como um arquivo aberto a todos aqueles que são ávidos de saber". Jean Santeuil, alguns anos antes, pensa no próprio passado: "E a fotografia de tudo isso havia tomado lugar nos arquivos de sua memória, arquivos tão vastos que ele nunca olharia para a maioria, a menos que um acaso os fizesse reabrir...". Ele nunca olharia: desponta a afirmação de Freud segundo a qual "a consciência não comporta, a cada momento, senão um conteúdo mínimo", o restante continua em estado de latência, "portanto num estado de inconsciência psíquica". Se levássemos em conta a existência de todas as nossas lembranças, diz ele em *Metapsicologia*, "não poderíamos contestar o inconsciente". Não se acredita mais que nossas lembranças sejam conservadas como arquivos organizados. Caso contrário, seria preciso supor que personagens mal-intencionados roubam dossiês com consulta proibida e os substituem por outros que lhes tomam alguns elementos emprestados, ou ainda que dissimulam certas caixas comprometedoras. A memória remaneja constantemente seu estoque de recordações.

Num artigo de 1898, Freud lista os sete fatores que determinam a facilidade com que uma lembrança é despertada:

1. A constituição psíquica do indivíduo.
2. A força da impressão na época em que ela aconteceu.
3. O interesse que lhe foi dado à época.
4. A constelação psíquica no momento presente.
5. O interesse dedicado a esse rememorar.
6. As conexões dentro das quais a impressão foi implicada.
7. A maneira, favorável ou desfavorável, como se apresentou um fato psíquico particular, que se recusava a reproduzir algo suscetível de desencadear o desprazer.

Esses princípios de análise podem ser aplicados sem dificuldade e com proveito às reminiscências proustianas.

As reminiscências proustianas mais célebres não são de ordem visual: a memória olfativa, o senso do toque e do equilíbrio são sucessivamente solicitados como sendo os menos desgastados pelo tempo e pela memória voluntária. Freud insiste, de sua parte, na importância e na persistência das lembranças visuais. "A transformação dos pensamentos em imagens visuais pode ser uma decorrência da atração que a recordação visual, que tenta ressurgir, exerce sobre o pensamento separado da consciência e ávido por expressão." É possível, assim, estabelecer um laço entre as imagens de paredes iluminadas e quadros: assim como no sonho, no romance um substituto de uma cena infantil é modificado pela transferência a um passado recente. Proust visita uma exposição holandesa, revê "o mais belo quadro do mundo", como escreve numa carta, e o coloca em seu romance. Qual é a cena infantil modificada e transferida para um passado recente?

A recordação de uma imagem projetada: a parede iluminada pela vela da cena do beijo da noite, que o Narrador reencontra ao rememorar-se de Combray: "Nunca pude ver mais que aquela espécie de pedaço de parede iluminado, recortado em meio a trevas indistintas", ele declara. Um gosto particular por quadros talvez provenha de visões infantis, assim como uma paixão pela música decorre de prazeres sonoros, não verbais, sem imagens, datados de um período ainda mais arcaico: não fazemos os bebês ouvirem música no ventre da mãe? Esse prazer visual ligado a uma cena cheia de conteúdos a serem explicitados é um dia reencontrado, mas por Bergotte, na pequena parede amarela da *Vista de Delft*, de Vermeer. "O mais belo quadro do mundo" é aquele que vem da infância, que a representa, que atribui à visão fugitiva e paradisíaca a eternidade do quadro: Bergotte está morto, com suas lembranças e fantasias; a *Vista de Delft*, não.

Para Freud, longe de eclipsar o inconsciente, a memória prova sua existência. As lembranças latentes, aparentemente esquecidas, mas que ressurgem, são numerosas demais para a memória presente, instantânea ou mesmo voluntária. Nossas lembranças, "inclusive as mais profundamente gravadas em nós, são, por natureza, inconscientes". Elas desdobram todos os seus efeitos, acrescenta Freud, no estado inconsciente. Num aparente paradoxo, são justamente "as impressões que agiram mais profundamente, as de nossa primeira infância, que quase nunca se tornam conscientes". *No caminho de Swann* é a história desse raro retorno à consciência. Como consciência e memória se excluem, a escrita é vital para guardar o vestígio da lembrança. A infância é a principal fonte da memória e do sonho. "Quanto mais analisamos os sonhos, mais descobrimos vestígios de acontecimentos da infância que desempenharam no conteúdo latente um papel de fonte de sonho." Freud, em 1898, quando começa a se interessar pelos vestígios das recordações de sua própria infância, sente-se submergir por uma onda de recordações.

Não encontramos na correspondência de Proust o equivalente às cartas de Freud a Fliess; é verdade que cinco anos de cartas a Reynaldo Hahn desapareceram, e que nunca saberemos o que continham os cadernos que Céleste Albaret disse ter queimado ao fim da guerra, a pedido do escritor. Não encontramos esse equivalente, acima de tudo, porque Proust não confiava o conjunto de seus sentimentos íntimos a ninguém, nem mesmo à mãe. Proust tentou uma autoanálise pela primeira vez ao escrever *Jean Santeuil*, entre 1895 e 1899, ou seja, exatamente na mesma época das cartas de Freud a Fliess. Uma segunda tentativa ocorreu, sem dúvida, depois da morte da mãe, quando do tratamento na clínica do doutor Sollier e da estada em Versalhes, no outono de 1906, mas aparentemente não por escrito. Esse exame silencioso resultou no artigo "Os sentimentos filiais de um parricida", de 1907, explosivo como a lembrança involuntária, e na primeira Caderneta, da qual sabemos apenas a data de início, em 1908. É nela que Proust transcreve seus sonhos.

Sonho e memória

Lembramos, no sonho, de alguma coisa que escapou à memória da véspera. Às vezes é o sonho que melhor conserva as lembranças. Nele percebemos quando um acontecimento novo, com frequência casual, "rememora a lembrança perdida de um acontecimento antigo", que revela a origem do sonho. Além disso, o sonho pode conter lembranças inacessíveis na véspera, em especial as lembranças da infância, ou os desejos e pulsões infantis. Por outro lado, o sonho não escolhe os elementos mais importantes da véspera, mas os mais insignificantes. Costumamos pensar que nos lembramos dos fatos importantes, não das futilidades. Mas o estudo das recordações de infância mostra que com frequência lembramos dos detalhes fúteis, e não dos acontecimentos importantes. Na verdade, elementos são deixados de lado, por isso a cena parece insignificante. É o que Proust observa no início de *À sombra das raparigas em flor*: o que mais nos lembra de alguém é aquilo que esquecemos, porque era insignificante e deixamos, assim, que guardasse toda sua força.

A recordação, acrescenta Freud à observação proustiana, não é conservada em função de seu conteúdo específico, mas de sua relação com algum outro elemento recalcado. Quando conseguimos reconstituir esses elementos, redescobrimos a importância da cena ("Toda Combray saiu de minha xícara de chá": toda Combray é importante, não a xícara de chá). Pois "no sonho a interpretação retorna à imagem sensorial de onde ela um dia saiu". O regresso da memória voluntária não permite fazer "as imagens de percepção" iniciais reviverem, ao passo que o sonho torna esta ressurreição possível. Percebe-se, aqui, que a memória involuntária proustiana desempenha ao menos uma parte do papel do sonho em Freud. Somente ela restitui a intensidade da percepção inicial, como no caso da *madeleine*.

Podemos afirmar que nada do que possuímos intelectualmente, ou graças ao sonho, pode ser totalmente perdido. Mais do que de recordações, poderemos falar de "vestígios mnésicos", visuais ou auditivos (mas não gustativos ou olfativos: em sonho não sentimos cheiro ou gosto), pequenas unidades nas quais elas se decompõem. Segundo Freud, aliás, é sobre esses vestígios e seus sistemas de associação que repousa o que chamamos de caráter, justamente o caráter em busca do qual se põe qualquer romancista.

A memória freudiana não é uma memória feliz, porque está fundamentada numa tragédia cruel. A memória proustiana, ao contrário, conhece a arte de evocar os momentos felizes. Em *Jean Santeuil*, o herói ouve em sonho o nome de um amante da mulher amada: "Era sua alma de outrora que, sem dúvida ansiosa por não ter se despedido, havia retornado naquela noite para enternecê-lo, enfeitiçá-lo e atormentá-lo de novo graças à noite, o dia estando-lhe proibido". Proibido? Outro nome para o recalque.

Toda mente atenta à recordação proustiana terá notado que a memória involuntária só traz lembranças felizes, ou insignificantes (*madeleine*, guardanapo, pavimentação desigual), mas cheias de prazer. Com exceção de duas: as "intermitências do coração" em *Sodoma e Gomorra*. O Narrador, lembrando-se dos gestos do passado ao refazê-los, descobre toda a extensão do luto pela avó. Ao descobrir que Albertine conhecia a srta. Vinteuil e sua amiga, ele revive a cena de Montjouvain e imagina Albertine lésbica, em plena ação (ou paixão).

É Freud quem oferece uma explicação para a memória involuntária dolorosa. A cena das intermitências do coração ilustra sua teoria segundo a qual "quando um incidente provocou um certo desprazer e, ao ressurgir, provoca o mesmo desprazer, a inibição não é mais suficiente. A recordação age então como um acontecimento atual". É exatamente o que Proust mostra: o Narrador descobre que perdeu a avó para sempre, ou que Albertine foi educada pela amiga (lésbica) da srta. Vinteuil. Freud acrescenta que isso só acontece quando se trata de incidentes de ordem sexual. Poderíamos demonstrar que a sexualidade está envolvida nos dois casos.

Lembranças encobridoras

Freud aplicou um sério golpe à poesia das lembranças de infância ao mostrar que, quando elas eram poéticas, então não eram verdadeiras lembranças, mas lembranças encobridoras, e que se reduzíssemos a cena rememorada a suas componentes, de datas aliás diferentes, ela não seria mais poética e ocultaria uma realidade brutal: por exemplo, o desejo de defloração. As recordações de infância são "ficções", como a autobiografia ou o diário íntimo, "invenções poéticas", encobrimentos que ocultam os verdadeiros vestígios mnésicos. Não existem lembranças provenientes da infância; existem lembranças relativas à infância, formadas posteriormente. "As assim chamadas recordações da primeira infância não são vestígios de acontecimentos reais", escreve Freud, "mas uma elaboração ulterior desses vestígios, que deve ter ocorrido sob a influência de diferentes forças psíquicas que intervieram depois." Assim, as "recordações de infância" adquirem, de maneira geral, o significado de lembranças encobridoras. Acrescentaremos que essas lembranças encobridoras não ocultam outras, mas dissimulam "vestígios" mnésicos. Sobre esses vestígios efetua-se o recalque. A lembrança recalcada é estilhaçada; os estilhaços se recombinam como compostos químicos, para falsificá-la: "Um fragmento da cena vista vê-se, assim, ligado a um fragmento da cena ouvida para formar uma fantasia, enquanto o fragmento não utilizado participa de outra combinação", escreve Freud a Fliess. Por isso a fantasia é a morte da recordação. Quando a fantasia é reprimida, ela se transforma em cena de infância. Mas há traços comuns entre elas, vestígios mnésicos.

E são os detalhes despercebidos (o pedaço de parede amarela, que foi aproximado da lembrança de um vestido amarelo evocando um amor perdido, em Freud) que atestam a verdadeira fonte, comparados à assinatura do artista.

Uma cena representa na memória impressões e pensamentos que datam de uma época ulterior com a qual ela mantém ligações simbólicas (a srta. Vinteuil e a ressurreição da cena no momento em que o Narrador vai deixar Balbec com Albertine). O próprio Freud, lembrando-se de um vestido amarelo que pertencia à jovem que ele amava, fundiu essa imagem a uma cena posterior. Sua memória fez prova de "invenção poética". Em outros casos, a cena pode ser anterior: a lembrança encobridora é retrógrada ou antecipatória. Freud narra uma cena que situa retroativamente na primeira infância "a lembrança de um ato de sedução cometido ulteriormente, a saber a incitação à masturbação". Quem poderá dizer se a imagem da pequena Gilberte, no parque de Tansonville, fazendo um gesto obsceno, não vem de uma cena posterior? Ou a do gabinete com aromas de íris? Lembremos também dos jogos nos bosques dos Champs-Élysées, entre o Narrador e Gilberte, outra cena de onanismo. Poderíamos ver na mistura de várias épocas a explicação para a flutuação na idade dos protagonistas: se são crianças, como podem se dedicar a essas práticas? Se são adolescentes, como podem brincar num jardim público?

Freud vai ainda mais longe naquilo que, para nós, é uma exploração da criação literária, em torno da recordação de infância, ao afirmar que o confronto entre o eu que age e o eu que se recorda é a prova de que a impressão original foi retrabalhada. Bastará, portanto, que um autor narre suas recordações de infância para que se trate de uma ficção. Um vestígio mnésico que data da infância "é objeto, em época posterior (período desperto) de uma tradução retroativa em elementos plásticos e visuais". A impressão de origem não chega a nossa consciência. Não importa, no fundo, em *No caminho de Swann*, designar Proust ou o Narrador, personagem fictício: tudo é ficção.

É triste pensar que não conheceremos os vestígios mnésicos originais, pois nem o próprio Proust os conheceu. Mas eles seriam banais, sem dúvida, a julgar pelos relatos dos neuróticos. Não é porque se sofre que se é original. Um romancista analisado pode edificar sua obra sobre suas fantasias esclarecidas, seus sonhos interpretados, seu drama pessoal aceito. Não sem correr riscos estéticos: o mercado está cheio de livros patéticos que se dizem romances e reescrevem uma carta ao pai, à mãe, ao amante ou à amante perdidos e reencontrados. Imaginemos Shakespeare escrevendo uma carta à mãe ou ao pai, ou recordações de infância disfarçadas de ficção: não teríamos *Hamlet*. Proust desaconselhava aos escritores que tomassem notas e mantivessem um diário íntimo, Gide compreendeu: podemos imaginar a cena do homem que vivesse exclusivamente para seus escritos pessoais e para seu diário.

Voltando a "Combray", saberemos um dia o que oculta a cena da xícara de chá? Não mais do que saberemos sobre o guardanapo branco de *O tempo redescoberto*, duro e engomado como os jogos de banho e mesa de antigamente, em *À sombra das raparigas em flor*, a menos que a conectemos à recordação involuntária dos lençóis brancos em *Jean Santeuil*. Nesse primeiro romance, mais próximo da autobiografia, o cheiro da toalha de um garçom faz Jean lembrar-se da mãe: ela o colocava na cama com uma camisola branca (roupa assexuada: o pijama é uma invenção tardia e só se torna roupa de dormir mais tarde) e em lençóis brancos. Surge o casal mãe e filho, um nos braços do outro – em quais lençóis brancos, em que leito conjugal?

Outra hipótese também pode vir à luz. E se os êxtases de memória, as revelações da memória involuntária, raras explosões, jorradas do inconsciente, fossem o equivalente das descobertas da análise? Ou, no mínimo, escapassem à censura e ao recalque? Caso contrário, que diferença haveria entre as lembranças voluntárias e as involuntárias? Não podemos supor que essas lembranças forçam todas as barragens? Não há nada de comprometedor, ou dramático, pode-se dizer, na rememoração da *madeleine* molhada no chá, na pavimentação desigual do hotel de Guermantes. Nada, exceto a rede de associações, essa grande teia que elas arrastam atrás de si. “Um vestígio só chega a falar quando entra em conexão com outros”, alguém disse. O que permite, a princípio, a famosa regra da livre associação. Na obra literária, as conexões já foram dadas.

Tudo acontece como se a memória involuntária e a recordação onírica mergulhassem num mundo onde não há mais tempo. Freud enfatiza muito isso: para o inconsciente, não há tempo; é a consciência que o introduz. A intuição se opõe ao tempo longo da narração. A memória involuntária, como o inconsciente, ignora o tempo ou constitui um pouco de tempo no estado puro. A frase “Após um segundo, fazia muitas horas que ela havia partido” não foi escrita por um surrealista; ela aparece no sonho de Swann. O Narrador de *O tempo redescoberto* declara: “E talvez também fosse pelo jogo extraordinário com o tempo que o Sonho me fascinasse. Não vira tantas vezes, numa noite, num minuto de uma noite, tempos remotos, relegados a distâncias enormes em que não podíamos distinguir mais nada dos sentimentos que experimentamos, precipitarem-se a toda velocidade sobre nós, cegando-nos com sua claridade, como se fossem aviões gigantes em vez das pálidas estrelas que acreditamos, fazendo-nos rever tudo quanto para nós haviam contido, dando-nos a emoção, o choque, a clareza de sua proximidade imediata [...]?”.

Capítulo 9

Infância

Proust e Freud situaram na infância a origem de todos os conflitos psicológicos. Quantas vezes o primeiro não fez recuar à cena do beijo da noite e à capitulação do pai a origem dos transtornos psicológicos do Narrador! Freud disse sobre o assunto: "Sustento que a influência da infância já se faz sentir na situação inicial da formação da neurose, desempenhando um papel decisivo para determinar se e em que ponto o indivíduo fracassa ao lidar com os problemas reais da vida". E a respeito de um de seus pacientes: "Parece que o fio contínuo e ininterrupto de atividade psíquica, iniciado em seus conflitos de infância, permaneceu imbricado a todo o tecido de sua vida". Como se ele comentasse a cena do beijo noturno em Combray, sobre o qual muitos se perguntaram se constituiria uma lembrança encobridora, na qual o Narrador coloca a origem de suas angústias e fracassos. Uma das descobertas mais fascinantes de Freud e de Proust é a da "origem infantil dos desejos humanos mais constantes", inconfessáveis em sociedade e dissimulados mesmo à memória voluntária e à observação consciente. A criança passa do princípio de prazer, de satisfação imediata, ao princípio de realidade, à satisfação diferida. Retardar a satisfação de um desejo é alcançar o autocontrole. Porém, ao longo de toda a vida esses dois princípios lutam entre si, e o menino de Combray, na cena do beijo noturno, faz triunfar às próprias custas o princípio de prazer. Ele mesmo tem consciência de que sua neurose começa ali.

A exploração da primeira infância, em Freud reservada ao sonho, em Proust é reservada à memória involuntária. Mas não haveria memória involuntária se não houvesse esquecimento. A amnésia infantil, de que Freud foi o primeiro a destacar a importância (em 1905, remetendo a seu artigo de 1899 sobre as lembranças encobridoras, reunidos em *Psicopatologia*) também atingiu o menino de *No caminho de Swann*. "As mesmas impressões caídas no esquecimento deixaram, ainda assim, as marcas mais profundas em nossa alma", podemos ler nos *Três ensaios*, e o fim de Combray faz a pergunta: "Na verdade, tudo isso estava morto para mim. Morto para sempre? Era possível". O Narrador guardou da primeira infância uma única lembrança, o drama da hora de dormir. Todo o restante foi reprimido, como que destruído por essa lembrança única que oculta o resto: "É assim com nosso passado. É perda de tempo tentar evocá-lo, todos os esforços de nossa inteligência são inúteis". O herói acredita que o passado está escondido fora do alcance da inteligência, em "algum objeto material", ou seja, numa sensação, reflexo do objeto, profundamente sepultada. É por um fenômeno de associação, aliás involuntário, que ela renasce.

As lembranças não desapareceram, apesar de não conhecermos as forças que levaram a esse recalcamento. Ele tem alguma ligação com a sexualidade infantil? Seja como for, observa Freud, "o indivíduo possui um conjunto de vestígios deixados pela recordação, dos quais a consciência não pode dispor, e que se tornam, por um processo de associação, centros de atração para os elementos repelidos e reprimidos por forças da consciência". A amnésia infantil cria uma espécie de "pré-história" que abriga os primórdios de nossa vida sexual. Da nossa e também da do Narrador de Combray e Proust. O episódio da *madeleine* permite ressuscitar alguns desses vestígios, algumas dessas forças.

Sexualidade infantil em Freud

"Quando a criança nasce", o círculo familiar erra em "aplaudir aos gritos". Freud descreveu esse acúmulo de gestos violentos, de agressões para fora ou para dentro, de desejos inconfessáveis e não formulados, de tudo o que os pais modernos se recusam a ver. Ele esclareceu, explicou, recuperou suas causas. Mas não sem prejuízos – para si mesmo, a princípio. Nenhum assunto granjeou-lhe mais recusas, zombarias, impopularidade. Quem nunca viu um professor de filosofia rir com vontade ao falar sobre o sadismo anal?

Presta-se pouca atenção à arte do psicanalista, uma arte bastante literária. Por exemplo, quando ele descreve a criança que ganha um irmãozinho: "Ela se sente destronada, espoliada, lesada em seus direitos, acalenta ódio e ciúme pelo irmãozinho ou irmãzinha e desenvolve pela mãe infiel uma animosidade que com frequência se exprime numa desagradável mudança de comportamento. (...) É raro termos uma ideia exata da força dessas pulsões de ciúme (...). As reivindicações de amor por parte da criança são desmesuradas, exigem exclusividade, não toleram nenhuma partilha". Ele havia afirmado, antes disso: "Parece que a avidez da criança por seu primeiro alimento é insaciável, que ela nunca se refaz da perda do seio materno". Mas foi principalmente a descrição dos desejos sexuais múltiplos da criança que constituiu uma revelação, desejos que na maioria das vezes não podem ser satisfeitos.

A evolução da sexualidade infantil conhece, acredita Freud, um período de latência, durante o qual se constituem as forças psíquicas que mais tarde farão obstáculo às pulsões sexuais: "o desgosto, o pudor, as aspirações morais e estéticas". Vemos o jovem herói de Combray sonhando com literatura. As tendências convergem a outros fins que não os sexuais: é a sublimação. Freud afirma que, durante os anos da infância, a sexualidade permanece sem uso, e que ela é "em si mesma perversa".

Tudo tem início com desejos multiformes e altamente diversificados: o sugar, que data da amamentação, a manipulação, especialmente dos órgãos genitais, o autoerotismo. A criança se satisfaz com o próprio corpo. Apesar de não ter um objeto sexual externo, ela reconhece zonas erógenas, como os lábios, órgão do beijo (conhecemos, além de Combray, outras cenas de beijo em Proust, como por exemplo em Albertine: em indivíduos de "zona labial constitucionalmente reforçada", Freud fala em "busca de beijos perversos").

A memória involuntária triunfa sobre a amnésia infantil e nos faz descobrir o que estava recalcado: todo o mundo da sexualidade infantil em Proust. A cena do beijo noturno remete aos contatos mais antigos com a mãe e à época da amamentação, de sucção primitiva. No pequeno gabinete com aromas de íris ocorrem cenas de masturbação: "Com as hesitações heroicas do viajante que empreende uma exploração ou do desesperado que se suicida, desfalecente, eu abria em mim mesmo um caminho desconhecido e que julgava mortal, até o momento em que um rastro natural, como o de um caracol, acrescentava-se às folhas do cassis silvestre que se curvavam sobre mim". A urina com cheiro de aspargo remete às funções genitais.

A criança descobre, no entanto, objetos sexuais externos. Na exaltação causada pela solidão do campo nasce a fantasia de uma camponesa a ser abraçada: o prazer nasce bruscamente. A imaginação dá forças à sensualidade e vice-versa. As pulsões, diz Freud, levam as crianças a serem *voyeurs* ou exibicionistas, ou à crueldade. Gilberte é exibicionista, no fundo de uma alameda; o Narrador é *voyeur*, nesse momento, e também quando observa, por trás de um vidro, a srta. Vinteuil e sua amiga (elas mesmas exibicionistas: "Se nos vissem, seria ainda melhor"). E a crueldade está em toda parte: tortura-se a avó fazendo seu marido beber conhaque, Françoise mata com selvageria um frango e atormenta a criada da cozinha. Não é a criança que é cruel, mas ela passa pelo aprendizado do sadismo ao longo dessas cenas, uma educação que a levará ao bordel de Jupien em *O tempo redescoberto*.

Durante um passeio, o Narrador avista uma menininha, ninguém menos que Gilberte Swann, ao fundo do parque, que lhe dirige um gesto indecente, e Charlus de olhos esbugalhados: é a intervenção da sedução, de que fala Freud, que pode fazer da criança um "perverso polimorfo" e levá-la a todo tipo de transgressões. Ele alude às mulheres que, "sob o império de um sedutor experiente, tomam gosto por todas as perversidades e a seguir farão uso delas em sua atividade sexual". Há, em "Combray", uma transferência interessante: a cena de sedução por Gilberte ao fundo do parque, e por Charlus de olhos esbugalhados, não é imediatamente seguida de resultados. Perto do torreão de Roussainville, porém, as crianças se entregam a atividades sexuais sob a conduta do próprio Théodore, como descobriremos ulteriormente. Mais tarde ainda, as crianças se encontram no jardim dos Champs-Élysées, e o Narrador luta com Gilberte. Ele é uma dessas pessoas de que falam os *Três ensaios sobre a teoria da sexualidade*, que sentem uma excitação nos órgãos genitais durante uma luta corpo a corpo com companheiros.

Quanto à pulsão de *crueldade*, ela só se torna realmente efetiva na idade adulta. Mas a criança, diz Freud, é em geral levada à crueldade, pois "a pulsão de dominação ainda não é detida pela visão da dor do outro, a piedade só se desenvolve relativamente mais tarde. (...) A ausência de piedade carrega um risco: a associação formada durante a infância entre as pulsões eróticas e a crueldade se revela, mais tarde, indissolúvel". O que Freud chama de ausência de piedade, Proust denuncia, a respeito da srta. Vinteuil, como indiferença aos sofrimentos causados, que é a forma terrível e permanente da crueldade.

Se a criança é atraída, cativada pelas cenas de conteúdo sexual latente ou explícito, sem dúvida é devido ao que Freud analisou como pulsão de saber: "A criança apega-se aos problemas sexuais com uma intensidade imprevista e pode-se inclusive dizer que esses são os problemas que despertam sua inteligência". O acontecimento que desencadeia essa busca, justamente, não figura em *No caminho de Swann*; mas ele aconteceu na vida de Proust: o nascimento de um irmãozinho. A criança, sentindo-se ameaçada, começa a refletir. Sabemos que ela se interroga sobre o que falta à mulher e que só acaba admitindo a ausência do pênis após "graves lutas interiores". Os esforços das crianças "para encontrar um equivalente ao pênis perdido da mulher desempenham um papel importante na gênese de múltiplas perversões", justamente aquelas que *Em busca do tempo perdido* retrata. Enquanto isso, a pequena Gilberte está sujeita à "inveja do pênis", que a leva ao desejo de ser um menino.

Proust fala da pulsão de saber a propósito de seu jovem herói, que sente crescer dentro de si a ferida aberta pelo saber.

Freud descreve um estágio ligado a essa pulsão do desenvolvimento infantil muito importante para compreender a obra (e a vida) de Proust: a concepção sádica das relações sexuais. Ele a faz datar da visão de uma *cena original.* Testemunhas das relações entre seus pais, as crianças "não deixarão de interpretar o ato sexual como uma espécie de maus-tratos, ou abuso de força, isto é, elas darão a esse ato um significado sádico". Tal impressão cedo recebida contribui "a favorecer ulteriormente uma transferência sádica do objetivo sexual". Sabemos que todas as cenas de amor físico narradas por Proust têm um caráter sádico e são, frequentemente e como que de brincadeira, comparadas a um crime. Esse já é o caso em *Os prazeres e os dias*, onde a mãe surpreende pela janela uma cena proibida, entre a filha e um jovem rapaz, e acaba morrendo; a jovem pensa ter matado a mãe. Em *No caminho de Swann*, há a cena que une a srta. Vinteuil e sua amiga, justamente sob o olhar do pai profanado. Em *Sodoma e Gomorra I*, o Narrador escuta Charlus e Jupien por trás de uma parede: "Eu poderia julgar que uma pessoa degolava outra a meu lado e que, a seguir, o assassino e sua vítima ressuscitada tomavam um banho para apagar os vestígios do crime". Como se a cena sádica passasse a verdade do amor proustiano: em *O tempo redescoberto*, no bordel de Jupien, o Narrador ouve lamentos abafados, seguidos de gritos de dor. O mesmo acontece numa carta inédita de Proust, cujos elementos reconstituímos em nossa biografia, quando ele ouve, na rua Laurent-Pichat, um casal fazendo amor: "Os vizinhos dos quais a parede me separa fazem amor com um frenesi que invejo. Quando penso que, para mim, essa sensação é mais fraca do que beber um copo de cerveja fresca, invejo as pessoas que podem soltar gritos tais que, na primeira vez, julguei ouvir um assassinato".

Um casal, um olhar proibido. Nessas cenas obsessivas, encontramos o medo de ser surpreendido, ou a lembrança de tê-lo sido, mas também, como em sonho, se invertermos a imagem, o medo de surpreender, bem como a lembrança inconsciente de ter surpreendido. O ato sexual ouvido atrás de uma parede retorna várias vezes em todo o *Em busca do tempo perdido*. O mais conhecido está em *Sodoma e Gomorra I*. Os termos empregados, aparentemente irônicos, e sobretudo a alusão ao assassinato, são muito significativos do medo proustiano do ato sexual. Este volta a ser ouvido, oculto, em *Albertine desaparecida*, a propósito da lavadeirinha ("Você me deixa louca"). Ele já aparecera mais cedo na narrativa, por alusão. E na carta escrita na rua Laurent-Pichat, que testa a cena de *Sodoma I* com seu destinatário. Há outras cenas sexuais surpreendidas: em *Os prazeres e os dias*, a mãe surpreende a jovem em postura inadequada, em *Swann* a srta. Vinteuil e sua amiga vistas pela janela, Morel e o príncipe de Guermantes observados por Charlus no bordel de Maineville, Charlus amarrado e avistado por meio de um postigo em *O tempo redescoberto*.

As cenas vistas, no entanto, surpreendem menos que as cenas ouvidas: os barulhos atrás da parede parecem evocar mais certamente, com menos embelezamentos e variações, a cena primitiva. O olhar não atravessa as paredes. Mas um garotinho se aproxima da divisória, presta atenção, ouve o indizível, o invisível, o incompreensível e o leva para sempre consigo. As fantasias, diz Freud, "elaboradas com o auxílio de coisas ouvidas e utilizadas posteriormente, combinam o que foi vivido com o que foi ouvido, o que aconteceu (tirado da história dos pais e dos avós) com o que foi visto pela própria pessoa. Elas têm com aquilo que foi ouvido a mesma relação que os sonhos têm com o que foi visto. Pois em sonho não ouvimos nada, mas podemos ver".

Estamos longe da infância sentimental, angelical, convencional. Longe inclusive do *Roman d'un enfant*, do *Livre de mon ami*, ou das misérias exteriores das crianças de Dickens. Perto de Rousseau, jamais citado por Proust, mas mencionado por Freud a propósito do famoso episódio das palmadas.

Capítulo 10

Mulheres

Freud às vezes se impacienta ou desencoraja por não saber mais sobre a feminilidade, recorrendo aos poetas enquanto aguarda os progressos da ciência. Seus biógrafos, porém, mostram-no cercado de mulheres, na família e entre as pacientes ou discípulas, de Lou Andreas-Salomé a Marie Bonaparte, que o salvará dos nazistas, e a filha Anna. Ele também deve a duas mulheres e à intervenção política delas, que por muito tempo ele relutou em solicitar, sua nomeação tardia ao grau de professor. Há também sua mãe, de quem ele fala menos que do pai mas cuja personalidade deve tê-lo marcado profundamente. Proust, por sua vez, nunca menciona dificuldades de conhecimento em relação às mulheres: todas lhe parecem incognoscíveis, principalmente no amor. Por fim, a incompreensão de Freud a respeito de Dora lembra a do Narrador a respeito de Albertine.

Não tentaremos aplicar às personagens de *Em busca do tempo perdido* toda a teoria freudiana da sexualidade feminina. Veremos, porém, que curiosíssimas páginas de *A prisioneira* aprofundam essa exploração.

Feminilidade e sexualidade em Proust

A época é a de Conan Doyle, o escritor é um apreciador de Agatha Christie e Dorothy Sayers, apaixonado por enigmas: Freud confessa a Ferenczi estar há muito tempo obcecado por *Macbeth.* Ele só recupera a calma, como diz a Jones a respeito de *Hamlet*, depois que encontra "a solução do enigma". Lemos sob sua pluma verdadeiras investigações com títulos atraentes que poderiam ilustrar novelas policiais: "Uma neurose demoníaca do século XVII", "Uma perturbação da memória na Acrópole", "Efêmero destino", "O motivo da escolha do cofre" e, é claro, "O estranho". E mesmo *Uma recordação de infância de Leonardo da Vinci*, as páginas de *A interpretação dos sonhos* sobre Hamlet. É num desses textos literários de Freud que encontramos uma distinção muito importante: ele percebe que, ao superpor a escolha de Páris à primeira cena do *Rei Lear* e à cena dos três cofres de *O mercador de Veneza*, surge um motivo comum a ser "perseguido", o das três mulheres. Numa sala, pretendentes devem escolher, para se casar com Portia, entre três cofres. Cada cofre corresponde a um tipo de mulher: a genitora, a companheira e a destruidora, ou ainda, "as três formas assumidas pela figura da mãe ao longo da vida: a própria mãe, a amada que é escolhida segundo o modelo daquela e, por fim, a Terra Mãe, que mais uma vez o recebe". Freud (mas também Proust) convida a distinguir tipos em psicanálise, assim como em crítica literária e na escrita de romances: "Não me parece necessário justificar meu método de trabalho, que (...) visa primeiramente a destacar, no material de observação, tipos extremos e claramente delimitados".

A *genitora*: Proust se abstém, no entanto, de retratar mães de família, a não ser a do Narrador ou as mulheres do lar: não há crianças em sua obra, com exceção do herói, que é filho único. Não há crianças, mas, como vimos, há uma reflexão fundamental sobre a infância. Essa é uma diferença capital em relação a Freud, pai de família numerosa e que colocou a criança no centro de sua obra, inclusive nas análises publicadas, como a do pequeno Hans ou a do pequeno Leonardo da Vinci. A sra. Verdurin, Odette Swann e a duquesa de Guermantes fazem de sua vida social e cultural uma verdadeira profissão, que solicita todos os seus meios e todos os seus momentos. Elas são herdeiras de uma tradição que, na França, se origina na Idade Média e passa pela Renascença e pelos salões do século XVII e XVIII. Nenhuma dessas mulheres, ao contrário das criadas, exerce uma profissão no sentido estrito, mas tampouco os homens: eles sempre são retratados, com exceção dos artistas e dos médicos, como homens de antigamente, da época em que era indelicado falar de suas atividades profissionais.

A *companheira* é o papel da avó e da mãe do Narrador de *Em busca do tempo perdido*, que vive a admirar o marido, como a sra. Santeuil no primeiro romance de Proust, a sra. Cottard ou a sra. Elstir. Odette, que se torna Forcheville, aparece nessa categoria. Essa também é uma das funções da duquesa de Guermantes, que suporta com constância as humilhações que o marido lhe inflige.

A *destruidora* é sem dúvida a categoria mais interessante. Nela encontramos Odette, que destrói Swann, a srta. Vinteuil, que arruína a vida do pai, e sua amiga, cujo nome nunca saberemos, Rachel, que arruína moralmente Saint-Loup, Albertine, "grande deusa do tempo", que causa o desespero do Narrador (que também afirma ter sido ele mesmo o responsável por destruir Albertine, causar sua fuga e, depois, sua morte).

Há três outros tipos de mulheres, se nos referirmos primeiro à sexualidade, dependendo de suas reações ao "trauma que é para a menina a descoberta da diferença entre os sexos" (segundo Marie Bonaparte, que desenvolve em seu ensaio sobre a *Sexualidade da mulher* o artigo de Freud sobre a sexualidade feminina, de 1931), em função de suas capacidades eróticas. Algumas, diz ela, substituíram o desejo do órgão masculino pelo de ter um filho e se tornaram "normais, vaginais, maternas". Outras renunciaram à competição com o homem, a toda sexualidade voltada para um objeto externo e se tornaram, na sociedade, como as operárias da colmeia ou do formigueiro: é o caso de Françoise. Outras, por fim, "se agarram ao que toda mulher encerra de virilidade psíquica e orgânica, complexo de virilidade e clitóris". Marie Bonaparte não designa assim apenas as homossexuais, mas também as mulheres que não alcançam o prazer vaginal. O autor de *Sodoma e Gomorra*, como Baudelaire, é muito atraído por este tipo de mulher. Compreende-se que é o orgasmo delas que Proust descreve.

O *corpo feminino* (de Albertine) é descrito, em *A prisioneira*, como amputado do órgão masculino: "Seu ventre (dissimulando o lugar que, no homem, enfeia como um grampo que permaneceu fixado a uma estátua partida) se fechava na junção das coxas por duas valvas de uma curva tão suave, tão repousante, tão claustral quanto a do horizonte quando o sol desaparece". Sobre a primeira cópia datilografada do texto,

Proust havia escrito: “o lugar de um divino quebra-cabeça de saliência acidental que enfeia o homem”. Primeiro há a ideia de feiura, depois de acaso, daquilo que poderia não existir e que não é belo, grampo que permaneceu fixado ou saliência acidental. O divino quebra-cabeça, brilhante expressão poética, mas rasurada, faz pensar no “corpo fragmentado” de Lacan, “que aparece regularmente em sonhos, quando o movimento da análise toca um certo nível de desintegração agressiva do indivíduo”. Em suma, em vez de a menina ser um menino falhado, como acreditava Freud por volta de 1920, para Proust o menino é uma menina falhada.

O sonho de ser mulher, ou de castração, não mais temida mas assumida, do menino enquanto menina falhada, com seu apêndice a mais, é aqui confessado. E sob o sonho de ser mulher há a identificação com a mãe. Ora, o modelo, a chave, de Albertine, todo mundo sabe, é um homem: Proust sonha o objeto de seu grande amor enquanto mulher, mas o vê como homem. Esconda esse sexo que eu não poderia ver. O órgão feminino, por sua vez, que não podemos ver, é protegido pelas duas valvas de uma concha, que sabemos parecida com a *madeleine*. Ela também é, por amplificação simbólica e espelhamento, a mesma concha que carrega Afrodite no quadro de um dos pintores preferidos de Proust, *O nascimento de Vênus*, de Botticelli.

O que significa a imagem da estátua? Uma das estátuas queridas a Freud? Ou o desejo de imobilizar para sempre uma imagem sem perigo, intocável, ou melhor, impenetrável, a imagem de uma mulher ou de um homem sonhado como mulher, uma imagem materna? No mármore, o desejo permanece congelado, ele é, como diz René Char, “o amor realizado do desejo que permanece desejo”. O mármore, também caro a Cocteau em *O sangue de um poeta*, a Carné em *Os visitantes da noite*, é a pedra da morte.

Depois de descrever o corpo de Albertine, o Narrador exclama, numa frase lírica como nenhuma outra de *Em busca do tempo perdido*: "Ó grandes atitudes do homem e da mulher". Nesse trecho de caráter bíblico, podemos fazer uma leitura do ato sexual como tentativa abortada; aquilo que a criação separou "busca unir-se": buscar, palavra tão cara a Proust, a palavra por excelência de seu livro, não é encontrar. O casal não forma uma unidade, assim como na posse sexual, diz Proust, não possuímos nada. Em *Sodoma e Gomorra I* já aparece o tema das duas metades humanas buscando unir-se, para reformar "o hermafroditismo inicial". Proust refere-se ora à Bíblia, ora à Grécia, os dois modelos culturais da Europa, sua dupla herança, como Freud. Duas metades humanas, em igualdade. Proust se abstém de reconhecer no homem o agressor da mulher, ou a passividade desta, ao contrário de Freud, para quem a distinção entre o ativo e o passivo finalmente triunfa sobre o masculino oposto ao feminino.

Após essa tentativa, não há descrição do ato sexual. Apenas elipse. Albertine fala, recolocando a camisa.

O prazer feminino

O Narrador nunca descreve o próprio prazer, depois de passada a infância e a fase onanista, salvo em vagas alusões ao que havia sentido e "que ele chamava prazer". Mas ele observa o de Charlus e Jupien. E, com o desaparecimento de Albertine, ele quer saber "que prazer particular isso lhe representava", o que acontecia dentro dela – as sensações que não somos capazes de dar à mulher amada e que lhe são proporcionadas por seres diferentes de nós. Movido pelo ciúme, ele leva muito longe a investigação sobre o prazer do outro, chegando a provocar verdadeiras experiências clínicas. O prazer feminino é descrito quando da investigação de Aimé sobre Albertine, a propósito de sua relação com uma lavadeirinha. O hoteleiro Aimé, que o Narrador envia a Touraine em missão de investigação, descobre uma lavadeirinha que tivera relações com Albertine e dorme com ela a fim de apreciar suas carícias: "E ela me disse: Se o senhor visse como ela se remexia, a senhorita, ela me dizia 'Ah!, você me deixa louca!'". O herói imagina, então, uma coxa recurva como um pescoço de cisne, que "procura a boca" de outra moça: é o tema plástico e pictórico de Leda, "que vemos em toda a palpitação específica do prazer feminino". Compreende-se, em todo caso, que Proust não subestima em absoluto o prazer feminino, não o julga inferior ao do homem, e não baseia, como Freud, uma psicologia dos sexos nas diferenças anatômicas (em especial no artigo de 1925, "Algumas consequências psíquicas da distinção anatômica entre os sexos"). Ele não escreveu: "A anatomia é o destino". Podemos nos perguntar se a homossexualidade não é uma recusa a esse destino.

O herói, em sua busca, chega a sugerir a Andrée (em vão, pois Aimé teve mais sucesso com a lavadeirinha) que imite diante dele, com amigas de Albertine, o que ela fazia com esta. Esperando ver o prazer de Albertine, ele a seguir o ouvirá. Ele leva duas lavadeirinhas a um bordel (estranha fantasia proustiana, esta das lavadeiras a serem maculadas). "Sob as carícias de uma, a outra começou de repente a emitir um som que no início não pude distinguir o que era", barulhos análogos ao sofrimento e que no entanto indicam prazer, um prazer "bastante intenso para transtornar a esse ponto a criatura que o sentia e tirar dela essa linguagem desconhecida que parece designar e comentar todas as frases do delicioso drama que a pequena mulher vivia". Mas os olhos não penetram no que acontece no "mistério íntimo de cada criatura". O esforço, quase de laboratório, para reconstituir o prazer da mulher amada não leva a nada. Nunca conhecemos o prazer do outro (um tema que Malraux retoma em *A condição humana*), podemos apenas reproduzir alguns de seus reflexos, um espelho visual ou sonoro, traduzido em palavras, as últimas palavras da arte do romancista.

Se o Narrador não penetra no prazer de Albertine, apesar de seus esforços de investigação e reconstituição, Peter Gay observa, a respeito de Dora, que Freud é incapaz de imaginar o encontro erótico sob o ponto de vista da mulher. Tampouco Proust, que precisa ouvir, graças a uma parede na rua Laurent-Pichat, no apartamento emprestado por Réjane, os sons emitidos por um casal, para poder reconstituí-los duas vezes, com Charlus e Jupien, e com as duas lavadeirinhas amigas de Albertine, sons que ele ilustra e denigre ao mesmo tempo. Albertine representa, sozinha, o continente negro de que falou Freud – que não sabe o que a mulher quer.

Raymonde Coudert mostra Proust encarniçado contras as (jovens) mulheres, todos de Gomorra, Andrée, a lavadeirinha. Eu acrescentaria: mas não contra as figuras maternas ou em vias de sê-lo (Odette, Oriane). Será encarniçamento? Uma das fantasias proustianas mais insistentes, segundo

R. Coudert, é desejar e gozar enquanto mulher, ser mulher com uma mulher. Entre a Lesbos perfumada de Baudelaire e uma Gomorra infernal, um terrível quebra-cabeça (segunda ocorrência da palavra em Proust, para quem ela sempre remete à sexualidade). Experimentando dentro de si mesmo uma profunda bissexualidade, sentindo-se às vezes mulher, como Charlus ou como Vautrin, ele podia ao mesmo tempo regozijar-se de ser uma e odiar-se por isso, encontrando em si toda a ambiguidade da figura materna.

No entanto, é um pouco apressado atribuir a Proust o mesmo ciúme de seu herói, ou o mesmo objeto de ciúme. Proust sentia inveja dos jovens: hospedou em sua casa Maria, companheira de Agostinelli, sem sentir por ela a menor hostilidade. Para o Narrador ser ciumento dos amigos homens de Albertine, basta a Proust buscar em suas próprias experiências. Através de um notável achado de romancista, fazendo de Albertine uma lésbica, ele descobre, invertendo os sexos, uma maravilhosa mina para a imaginação. Em vez de refletir com exatidão sua própria vida, ele a desdobra no imaginário, como todo criador de ficção.

Ele poderia ser auxiliado nesse trabalho por suas fantasias secretas? Nenhum biógrafo, nenhum erudito encontrou a chave para a srta. Vinteuil e sua amiga, apesar das várias descobertas sobre os outros personagens! Mesmo que Proust tenha retratado a si mesmo na srta. Vinteuil, prima das jovens culpadas de *Os prazeres e os dias*, ele não se ocupou da publicação das obras, aliás numerosas, do pai, nem das obras inexistentes da mãe, a não ser que consideremos como tais as duas traduções de Ruskin, desmesuradamente aumentadas, a seguir, pela imaginação. A não ser que *Contra Sainte-Beuve*, "conversa com Mamãe" (e, a esse título, ancestral das coletâneas de entrevistas que florescem nos dias de hoje), possa ser considerada uma obra materna, como o livro interminável que lhe teria devolvido vida e voz, que teria reanimado o casal eternamente apaixonado formado pela mãe e pelo menino.

Capítulo 11

Homossexualidade

A descrição que Freud faz da homossexualidade se aplica a Proust? A Marcel Proust sem dúvida, e esse exercício não deixou de ser feito. Em relação ao texto de *Em busca do tempo perdido*, as coisas são menos simples. Há pouco sobre a gênese dessa orientação, e muito sobre a maneira como se comportam os personagens na idade adulta, sobre suas condições psicológicas e sociais. Nada sabemos, por exemplo, sobre a infância e a adolescência de Charlus, de Morel, do príncipe de Guermantes, de Saint-Loup (o afeto recíproco que o une à mãe, a sra. De Marsantes, é enfatizado, no entanto), de Jupien. Uma preciosa observação, que não decorre de um estudo de gênese, mas indica o que Proust viveu: "Ninguém sabe que ele é invertido". O ginasiano não percebe que, apesar do sentimento ser o mesmo, "o objeto difere". Proust, na abertura de *Sodoma e Gomorra*, refugia-se no mito para falar de origem, o mito da androginia primitiva em que as metades buscam se unir.

Em *Sodoma e Gomorra I*, por meio do encontro acidental entre dois homossexuais, Charlus e Jupien, Proust pinta um amplo afresco do que ele chama, como Freud, de inversão. Ele se refere, como Freud em *Além do princípio do prazer*, à lenda do hermafroditismo inicial, mito ou lenda que figura, por exemplo, em *O banquete*, de Platão. "Assim, os invertidos", escreve Proust, "que gostam de buscar sua filiação no antigo Oriente ou na idade de ouro da Grécia, iriam mais longe ainda, a essas épocas de experiência (...), a esse hermafroditismo inicial de que se conservam alguns vestígios de órgãos femininos na anatomia do homem e de órgãos masculinos na anatomia da mulher". Quanto ao argumento antigo e à apologia socrática, Proust, que os fazia seus em *Antes da noite*, refuta-os. Não havia minorias no tempo de Sócrates, assim como no tempo de Cristo todos eram judeus.

Para Freud e Proust, a homossexualidade precede de fato a constituição bissexual comum a todos. Em seu ensaio de 1905, embora Freud classifique a inversão (inversão, homossexualidade: utilizamos as duas palavras utilizadas por Freud e Proust) entre as perversões, ele abole de fato a fronteira entre o normal e o perverso, entre a sexualidade do adulto e a pretensa sexualidade inocente da criança.

Quando Freud dá início ao primeiro dos *Três ensaios sobre a teoria da sexualidade* com a inversão, ele se baseia numa já ampla bibliografia à qual ele não acrescenta coisa alguma. Depois de relembrar o mito da androginia original, como Proust fará em *Sodoma I*, essas duas metades, o homem e a mulher, que tendem desde que foram separados a se unirem pelo amor, ele afirma haver muito espanto em saber que existem homens para quem o objeto sexual é um homem, e mulheres para quem ele é uma mulher. "Os indivíduos desse tipo são chamados de homossexuais, ou melhor, invertidos, e o fenômeno, inversão." Proust utiliza os mesmos termos. Freud distingue os invertidos absolutos, que têm por objeto um ou outro sexo, e os invertidos ocasionais. Uns consideram sua orientação como normal, outros a vivem "como uma compulsão mórbida". Freud retoma várias distinções enunciadas por outros pesquisadores, dependendo do surgimento e da duração da inversão, de sua constância ou extinção. Ele refuta, a seguir, a ideia de que a inversão seja um fenômeno de degenerescência ou congênito. Ele também critica a teoria do hermafroditismo físico ou psicológico e parte da ideia segundo a qual "o invertido, como a mulher, é atraído pelas qualidades viris do corpo e do espírito masculino. Ele se sente mulher e procura o homem". É o que Proust dirá de Charlus. Freud enfatiza que muitos invertidos "buscam no objeto sexual características psíquicas de feminilidade", daí o gosto dos gregos antigos pelos adolescentes, dos quais eles se afastavam quando estes se tornavam homens. Na mulher, as "invertidas ativas" têm características masculinas e buscam a feminilidade. Esse problema, que Proust aborda apenas por meio do exemplo e dos personagens de ficção, é assim eliminado em poucas linhas (Freud voltou ao assunto, como vimos, em seus artigos sobre a feminilidade).

Ele comenta a gênese psicológica da inversão, ligada ao complexo de Édipo, em *Uma recordação de infância de Leonardo da Vinci*. Também encontramos a homossexualidade (reprimida) na psicanálise do presidente Schreber (1842-1911), simétrica ao *Leonardo* e feita a partir das *Memórias de um neuropata* (1903) do magistrado. Ela também aparece na biografia do presidente Wilson, escrita por William Bullitt em colaboração com Freud, especialmente numa página suprimida pelo diplomata americano, sobre Cristo e a homossexualidade. Bullitt mostra que Wilson se considera o Cristo salvador do mundo. Ora, é a identificação passiva e total de Jesus com o pai que detém a atenção de

Freud. Na identificação do cristão com o Cristo realiza-se a reconciliação de dois desejos contraditórios, o de ser passivo e feminino, e o de ser ativo e masculino como o pai. É submetendo-se ao pai que Jesus se torna Deus, em quem Freud vê o cúmulo da masculinidade. O sucesso da religião cristã pode ser interpretado através da reconciliação entre a masculinidade e a feminilidade dentro de uma pessoa inteiramente ativa e totalmente passiva. Ele chega a supor que é por essa razão que o cristianismo rapidamente tornou inútil a expressão pública da homossexualidade e provocou sua interdição: não se precisava mais dela.

Em seu ensaio sobre Da Vinci, Freud caracteriza o estágio preliminar do desenvolvimento homossexual: "Todos os nossos homossexuais masculinos tiveram, na primeira infância, depois esquecidos pelo sujeito, um laço muito intenso com uma personalidade feminina, em geral a mãe, provocado ou pela excessiva ternura da própria mãe e reforçado mais tarde, na vida da criança, pela passagem do pai ao segundo plano".

No segundo estágio: "O menino reprime o amor pela mãe colocando a si mesmo no lugar desta, identificando-se com ela e tomando sua própria pessoa como modelo, à semelhança do qual ele escolherá seus novos objetos amorosos. Assim, ele se torna homossexual; a bem dizer, há deslocamento, e ele retorna ao autoerotismo, dado que os garotos que o adolescente agora ama são apenas substitutos e renovações de sua própria pessoa infantil, que ele ama como sua mãe o amou quando criança". "Ele encontra seus objetos amorosos pela via do narcisismo, pois o mito grego chama de Narciso um efebo que amava acima de tudo sua própria imagem refletida e que foi metamorfoseado na bela flor de mesmo nome." Proust poderia dizer que intitulou o segundo episódio de *Em busca do tempo perdido* como sabemos porque os jovens rapazes que se tornaram jovens moças eram narcisos que se tornaram flores.

Talvez Freud compreenda tão bem, ou defina tão sutilmente e tão firmemente o desenvolvimento homossexual, porque também o viveu, não apenas em seus pacientes mas em si mesmo, como Proust. "Nada pode, para mim, substituir os contatos com um amigo", escreve ele a Fliess em 1900, "é uma necessidade que responde a alguma coisa dentro de mim, talvez a alguma coisa feminina." Enfatizou-se o que sua paixão por Fliess, o destinatário dessas cartas prodigiosas que retraçam a invenção da psicanálise, poderia ter de homoerótica e de ressurgência periódica de tendências homossexuais latentes ("A mulher nunca substituiu o companheiro, o amigo"). É a partir de sua pesquisa sobre Da Vinci que Freud se liberta de seu investimento homossexual em Fliess. É o que ele escreve a Ferenczi, em 1910: "Depois do caso Fliess, de que precisei recentemente me ocupar e liquidar, (...) a necessidade em questão não existe mais em mim. Uma parte do investimento homossexual desapareceu e utilizei-o para ampliar meu próprio eu. Triunfei onde a paranoia fracassa". Triunfou? Não completamente, como o provam certos sintomas que outrora teriam sido qualificados de histéricos, e principalmente pelas síncopes diante de Jung, que Peter Gay associa à provável revivificação dos desejos de morte de Freud em relação a seu irmão Julius, morto quando Sigmund tinha dois anos. Freud reinvestiu suas tendências homossexuais em Adler, depois em Jung: "Você tem absoluta razão", escreve ele a Jones, "de supor que transferi para Jung sentimentos homossexuais provenientes de outro lugar." Não encontramos uma confissão semelhante sob a pluma de Proust, mas ele transfere da mesma forma seus sentimentos de Reynaldo Hahn a Lucien Daudet, Antoine Bibesco, Bertrand de Fénelon e outros.

Muito antes de *Sodoma e Gomorra*, numa novela publicada em 1893 na *La Revue blanche*, "Antes da noite", Proust atribuiu a uma mulher suas próprias opiniões sobre a homossexualidade: "Não existe hierarquia entre os amores estéreis e não é menos moral – ou melhor, mais imoral – que uma mulher tenha prazer com outra mulher em vez de com um indivíduo do outro sexo. A causa desse amor está numa alteração nervosa exclusiva demais para comportar um conteúdo moral. Não se pode dizer que porque a maioria das pessoas vê os objetos chamados de vermelhos, vermelhos, que aquelas que os veem violetas estão enganadas". Muito cedo, Proust exonera a homossexualidade de qualquer julgamento, de qualquer condenação moral, colocando-se, assim, corajosamente contra a opinião dominante (e às vezes contra a legislação) de sua época. Uma alteração nervosa? O doutor Du Boulbon justamente dirá à avó do Narrador que "os nervosos são o sal da terra". Contudo, *Sodoma I* fala, talvez por reflexo, em "enfermidade incurável", em "vício, ou o que se chama impropriamente assim". Essa noção de vício é muito relativa: para o invertido, "o vício tem início (...) quando ele sente prazer com mulheres". Inclusive, o vício representa "um admirável esforço inconsciente da natureza". "O reconhecimento do sexo por si mesmo" é um esforço para alcançar o que um "erro inicial da sociedade pôs longe de seu alcance".

Charlus, por sua vez, é uma mulher num corpo de homem: "Pareceu-me que o sr. De Charlus tinha o aspecto de uma mulher: ele era uma!" – por isso ele só gostava de jovens com aspecto viril, "justamente porque seu temperamento é feminino", e não de homossexuais, que não passavam de um substituto. Ele está condenado, portanto, a amar quem não o ama e, por fim, a arruinar-se por homens como o violinista Morel; "seu desejo seria eternamente insaciável se o dinheiro não lhes proporcionasse verdadeiros homens e se a imaginação não acabasse por levá-los a considerar como verdadeiros homens os invertidos a quem se prostituíram". Por outro lado, Proust, comparando-se em termos balzaquianos a um "herborizador humano", a um "botânico moral", faz distinções entre "subvariedades" estranhas a Freud: os homens que só são atraídos, como Jupien, por homens muito mais velhos que eles. Há os que desprezam as mulheres, "o caráter excepcional de sua inclinação os faz julgarem-se superiores a elas". Dentro das subcategorias, há ainda diversos tipos de "conjunções": bastava a Charlus manter alguns indivíduos sob o domínio de sua palavra "para que seu desejo, aceso por algum encontro, se aplacasse", ou então "a saciedade ocorria graças a uma violenta reprimenda". Não há necessidade de relação física, tudo acontece no discurso histérico; o sr. De Charlus, "dominado que se torna dominador", sente-se, ao fim de seu número, "purgado de sua inquietude".

Além do mecanismo do desejo de um homem (na verdade uma mulher) por outro, o que interessa a Proust é a situação social dos homossexuais, "a maldição", a condenação que pesa sobre eles, "a conspiração de forças sociais unânimes", como diz um esboço, que ameaça esses "filhos sem mãe", esses amigos sem amizade, esses amantes quase sem amor, sua ascensão social, sua aparência externa. Essas "criaturas de exceção" constituem, aliás, uma multidão.

Este é um problema que Freud não aborda. Em contrapartida, em momento algum Proust se mostra consciente de que relações especiais com seu pai e sua mãe pudessem estar na origem de suas tendências, que ele limita a seu próprio caso. O que sabemos da biografia de Proust é, porém, a ilustração perfeita de *Uma recordação de infância de Leonardo da Vinci*, ou mesmo do primeiro dos *Três ensaios sobre a teoria da sexualidade.*

Outro ponto abordado por Freud e por Proust é a sublimação. Freud não escreveu, numa observação destinada à biografia do presidente Wilson, que se os homens estivessem submetidos a um princípio exclusivamente masculino, há muito tempo teriam matado uns aos outros, e que a homossexualidade, menos em sua forma manifesta do que em sua sublimação, garantia a continuidade do gênero humano e talvez um dia garantisse sua unificação numa grande fraternidade? Proust mostra a sublimação no indivíduo: "Uma grande ambição política", diz um esboço destinado ao *Contra Sainte-Beuve*, "uma vocação religiosa, uma obra artística a ser realizada podem, por algum tempo, com frequência anos, desviar o espírito das imagens voluptuosas que levam o homossexual à busca dos prazeres cotidianos" – que, Proust observa, podem perfeitamente coexistir com "um amor casto". Em sua defesa da homossexualidade, também vemos a seguinte afirmação: "Não é indiferente que um indivíduo possa encontrar o único prazer que ele tem capacidade de experimentar".

Capítulo 12

Amor

A palavra "amor" aparece na correspondência de Freud, em suas cartas à noiva. Ele sente por ela um amor romântico, apaixonado, ciumento: "Se dessa vez ainda não lhe falei de amor, veja nisso apenas o sinal de minha certeza de possuí-la", escreve ele em agosto de 1883. Ele está convencido de que a noiva e ele pertencem à categoria de pessoas que só podem amar uma vez. Depois de subir uma torre da Notre Dame de Paris, em 1885, ele escreve a Martha: "Sobe-se trezentos degraus; em meio à escuridão mais profunda, à solidão mais total; se você estivesse comigo, a cada passo eu a teria beijado e você teria chegado ao alto sem fôlego e descabelada!". Pelo que se sabe, Freud sempre foi fiel à mulher. Proust era capaz dessa intensidade, não da mesma constância. Um dia, disse a um de seus amigos mais íntimos, Lucien Daudet: "Comigo, só dura dezoito meses". De um lado, uma única mulher e muitos livros. Do outro, um único livro e muitos amantes.

O amor se confunde com a vida sexual? "Falamos de amor quando queremos colocar em primeiro plano o aspecto psíquico das aspirações sexuais e rejeitar, ou esquecer por um momento, as exigências pulsionais corporais ou 'sensuais' que são seu fundamento." É o recalque que, ao menos na criança, furta "a seu saber o conhecimento de uma parte de seus objetivos sexuais". É como se falar de amor já significasse reprimir a sexualidade. A história literária (e os editores, os livreiros) distingue criteriosamente, ao menos até o século XX, os romances de amor e os romances eróticos, libertinos ou mesmo pornográficos. Proust, ao oferecer *No caminho de Swann* a editores, temeu ser recusado não por causa do estilo, da originalidade, mas por causa da "extrema indecência" de certas páginas. Ele não inventa a *libido*, mas ele a mostra.

É de fato essa palavra que com frequência substitui "a palavra amor" a mesma que Nathalie Sarraute descreveu num belo texto intitulado *L'Usage de la parole* [O uso da palavra]: "Havia certo tempo a palavra rondava em torno deles, espreitando o momento, que não devia tardar... e de fato eis que chega... aquilo que podia contentar-se em refugiar-se na monotonia protetora das palavras mais ternas, mais apagadas, tornou-se tão denso, intenso, que exige um lugar para si, todo o lugar numa ampla palavra sólida, potente, brilhante... /E a palavra está ali, pronta, a palavra 'amor', aberta, escancarada... aquilo que flutuava por toda parte e turbilhonava cada vez mais forte desaparece, se condensa, enche completamente, funde-se, confunde-se com ele, inseparável dele, eles são uma só coisa".

Freud definiu a libido nos seguintes termos: "Assim chamamos a energia (...) dessas pulsões que têm relação com tudo o que pode ser compreendido sob o nome de amor" ("Psicologia das massas e análise do eu", 1921). O problema é que, da palavra *libido*, em latim ou francês, não se pode derivar nenhuma palavra (exceto "libidinal" e o problemático "libidinoso", que a boa literatura em geral reserva aos velhos). E *Eros*? Grego em vez de latim? Freud o utiliza para reintegrar as pulsões sexuais, as pulsões de vida, à tradição filosófica. Na última teoria das pulsões, ele reúne todas as pulsões de vida; a libido caracteriza suas energias, seus aspectos econômicos. Mas a palavra Eros não pode ser uma máscara hipócrita: "Aqueles que consideram a sexualidade como algo que é motivo de vergonha para a natureza humana, e que a rebaixa, estão livres para escolher termos mais elegantes como Eros e erótico". Proust tampouco quis essa hipocrisia. Em seu retrato do amor, ele desfaz a trama tradicional. Proust, como Freud, despoja o amor de seu aspecto romântico. A história da pessoa amada é a de uma perda progressiva de suas qualidades, até ela se tornar "sem mistério e sem beleza". O único verdadeiro objeto de amor, para os dois autores, é a mãe.

Depois de *A prisioneira*, onde o Narrador afirma não amar mais Albertine, ele não descreve mais o amor vivo: *Albertine desaparecida* é a história de um luto. *O tempo redescoberto* não apresenta mais nenhuma situação amorosa (o que não quer dizer que o desejo esteja ausente): vemos a guerra, o bordel de Jupien, o grande retorno do recalcado pela memória involuntária (que de amor só tem o materno), a sublimação pela arte. A palavra "sexual" não é banida por Proust, que a utiliza em relação a desejos, na maioria das vezes, mas também em relação a "taras", a perversões (a embaixadora da Turquia sabe tudo sobre a perversão sexual dos pássaros) ou, no caso de Charlus, a estranheza, que a princípio lhe traz prestígio aos olhos do clã Verdurin em Balbec.

Freud chega a utilizar a palavra "amor" em sua correspondência, mesmo muito depois do noivado: "Em mim também encontrei o sentimento amoroso pela mãe e o ciúme pelo pai", escreve ele a Fliess, em outubro de 1897. E a Pfister, em 1911: "Adler criou um sistema universal sem o amor e estou a ponto de executar contra ele a vingança da deusa Libido ofendida". O romance de Proust também coloca a libido no centro, ele cria um sistema universal com o amor sem ofender a libido: quem ele ofende é a deusa do amor tal como ela figura no romance sentimental, na "música ruim", nas pinturas de caixas de chocolate.

Proust sempre colocou a sexualidade em primeiro lugar, como atestam os contos de *Os prazeres e os dias*, como por exemplo "A confissão de uma jovem moça", e sua correspondência, suas cartas do liceu a Jacques Bizet e a Daniel Halévy. Conhecemos algumas cartas de amor de Freud à noiva. Nenhuma, direta, de Proust, nem mesmo para Reynaldo Hahn ou Lucien Daudet (algumas, na verdade, ainda fazem parte de uma coleção privada). Com exceção de uma alusão a Agostinelli, numa carta do verão de 1914 a Reynaldo Hahn: "Eu o adorava". Será preciso recorrer às cartas que escreveu à mãe ou aos amigos? Cartas de ciúme, no entanto, existem.

Em Proust, o amor nunca é perfeitamente normal. Freud define um "comportamento amoroso perfeitamente normal" como a reunião de duas correntes, "a corrente afetiva e a corrente sensual". Alguns, porém, "quando amam, não desejam, e, quando desejam, não podem amar". É o que mostra a análise de "O homem dos lobos". Freud apresenta, mais tarde, em "Estado amoroso e hipnose", uma análise completa dos diferentes aspectos daquilo que chamamos amor, isto é, "de relações afetivas muito variadas". A literatura retratou esses dois aspectos: o homem dedica "um culto quimérico a mulheres que não lhe inspiram nenhum sentimento amoroso", e ele só se sente excitado por outras mulheres que ele não ama. Na maioria dos casos, esses dois aspectos conseguem ser sintetizados. Freud faz, de passagem, uma crítica impiedosa à "idealização": sob influência do prazer sensual, atribui-se ao objeto de amor qualidades espirituais. De fato, a projeção no outro de seu próprio ideal do eu satisfaz ao próprio narcisismo. No amor compartilhado, "cada satisfação sexual é seguida de uma diminuição do grau de idealização que se atribui ao objeto". Assim, a ternura existe no início do amor de Swann por Odette, do Narrador por Albertine; compreende-se por que ela desaparece tão rapidamente.

Por fim, em *O mal-estar na cultura*, após expor como o amor poderia constituir uma das técnicas da felicidade, Freud demonstra seus limites, de uma maneira que se assemelha às conclusões de *A prisioneira* e de *Albertine desaparecida*: "Nunca estamos mais privados de proteção contra o sofrimento do que quando amamos, nunca estamos mais infelizes e no sentimento de impotência do que quando perdemos o objeto amado ou seu amor".

Há que se admirar, em Proust, que ele tenha conseguido retratar o amor de um homem por uma mulher a ponto de Gide tê-lo criticado, de viva voz e em seu *Journal*, por ter reservado a esse amor todas as qualidades de beleza de que ele privava o amor entre homens. Tanto que em nenhum momento Odette Swann aparece como um homem transformado, tampouco a duquesa de Guermantes, por um tempo amada (de longe) pelo Narrador. Em Albertine, alguns traços deixam vestígios de metamorfose, seu "pescoço potente", a expressão "se fazer arrombar o...". É como se Proust, durante a criação romanesca, se tornasse heterossexual, como se ele entrasse na categoria por ele mesmo descrita dos invertidos que cessam de sê-lo. A imaginação permitiu que Proust considerasse como mulheres de verdade os homens que ele desejava (ao menos no caso das jovens em flor). Ou, mais exatamente, ele se serviu da aparência das mulheres que frequentava e de quem se sentia mais próximo do que elas imaginavam para abrigar o objeto masculino de seus desejos. Invertendo a exclamação do Narrador ao ver um Charlus feminino, diante de seus modelos transfigurados pela invenção, ele poderia dizer: "Ele era um!". A não ser que ele tenha precisado de outra transformação, sonhando a si mesmo como Odette amada por Swann ou como Albertine amada pelo Narrador, o que coincidiria com o que sabemos de sua teoria da homossexualidade, segundo a qual o invertido é uma mulher que se quer amada por um homem, e Proust, Charlus. Essa hipótese, porém, encontra uma objeção: certas palavras que Proust atribui a Swann apaixonado foram escritas por ele para Reynaldo Hahn ou Albert Nahmias, e as que ele atribui a Albertine foram escritas por Agostinelli para ele na carta que Proust reproduz em *Albertine desaparecida* e cuja veracidade é atestada pela resposta de Marcel. É como se Proust tivesse esquecido, em *Sodoma I*, de falar dos homossexuais que veem no homem amado uma jovem moça.

Proust via e principalmente ouvia seus modelos, como Freud seus pacientes. Inúmeros são os testemunhos de duquesas e hoteleiros que ele interrogou sem descanso, ou que ele ouviu aparentando passividade. Era isso que ele fazia para passar a seus contemporâneos a impressão de saber tudo sobre todo mundo. Como disse René Gimpel em seu *Journal d'un collectionneur marchand de tableaux*, ele foi o maior detetive da literatura. Ele poderia ter acrescentado: depois de Balzac. O que significa dizer que ele era capaz de descrever sem se identificar, imaginar sem ser. Somente o resultado científico, num caso, e o literário, no outro, contavam.

Capítulo 13

Ciúme

Proust publicou na revista *Les Œuvres libres*, em novembro de 1921, um texto de cem páginas, apresentado como "romance" e que na realidade é um excerto do segundo capítulo de *Sodoma e Gomorra II*. Foi intitulado "Ciúme". Ele não esperou o fim de sua obra para abordar o tema, presente desde *Um amor de Swann* e estreitamente ligado a todo o romance, a ponto de constituir uma verdadeira obsessão: não se trata de um romance de amor, mas de um romance de ciúme e, como em *La Princesse de Clèves*, no qual se morre por causa dele.

Swann tem ciúme de Odette (e de Forcheville). O Narrador tem ciúme da própria mãe quando ela recebe Swann, de Gilberte. Saint-Loup tem ciúme de Rachel, e, em sonho, Charlus tem ciúme de Morel e pensa em assassinato. O Narrador tem ciúme de Albertine. Em *O tempo redescoberto*, o duque de Guermantes, que se tornou amante de Odette, tem ciúme dela. Seis episódios de ciúme fazem eco uns aos outros, *A prisioneira* e *Albertine desaparecida* apresentam o paroxismo dessa enfermidade, dessa "lamentável e contraditória excrescência do amor".

Gostaríamos de atribuir ao fundador da psicanálise todas as virtudes, sem neurose alguma, um equilíbrio perfeito, a tranquilidade na alma segundo Sêneca. Vimos, pelo contrário, com tranquila satisfação, que Freud se revelou ciumento durante o noivado, conforme atestado por suas cartas a Martha Bernays, sua noiva (talvez também fosse ciumento de suas descobertas, como todo criador). "Certamente tenho uma tendência à tirania", ele declarou. Ora um primo, ora dois artistas despertam sua inquietude. Ele também gostaria de fazer a noiva romper com a família: "Quando amo, sou muito exclusivo", ele confessa. Numa carta de 19 de junho de 1882, ele conta a Martha que tira de um pequeno cofre o retrato da noiva, que ele não ousa expor como os "deuses do lar colocados acima de sua escrivaninha", para contemplá-lo (Proust tinha a mesma paixão pelas fotografias; Brassaï destacou-o num belo livro), numa verdadeira cerimônia ritual: "Mal ouso confessar quantas vezes, durante essas 24 horas, tirei-o da caixa, com todas as portas fechadas, para refrescar minha memória". Ele estava, na época, obcecado por uma história que lera em algum lugar, sobre "um homem que, por toda parte aonde ia, levava a bem-amada fechada numa caixinha". Ele recorda subitamente que se trata do conto "A nova Melusina", que ele situa em *Os anos de aprendizado de Wilhelm Meister* (erradamente, pois a lenda consta do capítulo 6 de *Os anos de viagem de Wilhelm Meister*). "Será um tão grande infortúnio", pergunta a heroína ao amante, "possuir uma mulher que se torna anã de tempos em tempos, de modo a ser possível transportá-la dentro de uma caixa?" O amante responde: "Como os amantes seriam felizes se pudessem possuir miniaturas como essa!". Miniaturizar para prender, fazer entrar num seio materno só seu, numa espécie de complexo de Jonas, esse é o sonho do ciumento. Em "A nova Melusina", Freud lê outros detalhes sobre as relações com a noiva, que sem dúvida se aproximam do ciúme e da violação dos interditos. Ele não ousa comunicá-los a ela, pois, afirma com uma leve condescendência, eles ainda não têm o mesmo senso de humor.

O conto desperta uma lembrança longínqua. Onde foi que lemos uma história parecida? Não foi em Proust, mais uma vez? Não lembramos do homem que acreditava ter a princesa da China encerrada dentro de uma garrafa, ao qual o Narrador se compara, pois queria reter Albertine, a prisioneira? Proust se inspira, sem nomeá-la, numa aventura acontecida com Mérimée: a amante o abandonou, ele declarou numa carta que acreditava ter a princesa da China encerrada dentro de uma garrafa. Proust não leu a história no original, mas recontada por Anatole France num artigo de *La Vie littéraire*, por volta de 1888. Ele o cita em seu romance, em cartas de juventude, muito antes de viver essa experiência; ele foi tão marcado por ela, essa fantasia encontrava dentro dele um eco tão profundo que, quase trinta anos mais tarde, ele utilizou essa imagem, essa lenda, essa aventura por duas vezes, em *O caminho de Guermantes* e *A prisioneira*. O Narrador será privado de Albertine, sua prisioneira fugitiva e logo morta, Marcel Proust será privado de seu prisioneiro Agostinelli, fugitivo e logo morto. Sob o desgaste das palavras e dos títulos, reencontramos o mesmo arquétipo de fundo lendário. Ele representa uma fantasia: a de nos preservarmos do ciúme mantendo o ser amado miniaturizado e preso dentro de uma garrafa, numa caixinha. Uma fantasia mortal.

Muito tempo depois da experiência do noivado, num artigo de 1922, ou seja, no mesmo ano de publicação de *Sodoma e*

Gomorra II, Freud considera o ciúme "normal" necessário, um luto, uma dor causada pelo objeto perdido e uma ferida narcísica. Ele desperta a hostilidade pelo rival e a autocrítica, enquanto o ego se considera responsável pela perda do amor do outro. Distinguem-se três tipos de ciúme: normal, "projetado" e delirante. Todo ciúme, mesmo o normal, está associado ao inconsciente, à afetividade infantil e a seus primeiros movimentos, ao complexo de Édipo.

O segundo tipo de ciúme, por projeção, onde o ciumento, tentado a enganar a companheira, atribui a ela seus próprios desejos, não é representado com clareza nos volumes de *Em busca do tempo perdido*, onde se trata de amores exclusivos. O terceiro tipo de ciúme, que ocorre por outro homem (Freud não fala do ciúme de uma mulher por outra mulher, mas...) ou ciúme delirante, tinge-se de homossexualidade. Ele parece convir ao esquema proustiano. Mesmo assim, justamente porque Proust é homossexual, ele nunca mostra seus heróis apaixonados por um amante de suas companheiras, nem Swann, nem o Narrador, nem mesmo Charlus. No âmago do ciúme descrito por Proust não há a vontade de amar outro homem, mas o desejo de saber, o de descobrir um segredo. É por isso que Swann interroga antigos criados de Odette, apesar de não amá-la mais, ou que o Narrador envia Aimée, o hoteleiro de Balbec, no rastro de Albertine, como o próprio Proust enviou Albert Nahmias no encalço do desaparecido Agostinelli.

Freud enfatiza a relação do ciúme com a infância e com o complexo de Édipo (e, também, aliás, com o "complexo fraterno", ao qual voltaremos no capítulo seguinte). Ora, o próprio Proust estabelece a relação entre o amor por uma mulher e o amor pela mãe, e sua contraparte, o ciúme. A mãe, em Combray, permanece com os convidados sem ir até o filho. Proust evoca então "a festa inconcebível, infernal, no seio da qual acreditamos que turbilhões de inimigos, perversos e deliciosos, arrastam para longe de nós, fazendo-a rir de nós, aquela a quem amamos!". Essa imagem violenta de um sofrimento infernal, que insiste no imaginário ("acreditamos"), mostra que o ciúme da mãe é a mãe de todos os ciúmes futuros. Existe, para Proust, um arquétipo da mulher que causa ciúme, que engana; trata-se, para Swann, da fantasia antiga e coletiva da "mulher que desperta ciúme", fantasia que preexiste a todas as mulheres, em quem ela reencarna e cujo verdadeiro nome sabemos. O Narrador, depois de evocar o sossego do beijo materno sentido com Albertine, volta a sentir a angústia das noites em que a mãe "mal me dava boa-noite" ou nem subia para vê-lo. Essa angústia, ele adivinha, preexiste ao amor: ela é o próprio amor. De resto, o Narrador gostaria de conservar Albertine junto a seu leito "ao mesmo tempo como amante, irmã, filha e mãe". A confissão vem ao fim, mas o sossego tornou-se impossível.

A mãe desperta o ciúme. Sugeriu-se que o menino, com raiva desta, inventou duas mulheres infiéis, Odette e Albertine, preservando assim a imagem materna e condenando as outras mulheres. Pode-se objetar que essas duas mulheres, personagens de romance como a mãe ou a avó, são infiéis ao Narrador. E é Proust, o romancista, quem inventa Odette e Albertine. Será para triunfar sobre suas fantasias ou impelido por seu inconsciente?

Encontramos Proust num artigo de Freud, "Um tipo especial de escolha de objeto feita pelo homem", em particular no que é dito sobre a condição de "um terceiro prejudicado". Além de convir a Swann e a Saint-Loup, essa condição se adapta ainda melhor ao próprio Proust. "Ela consiste em que o sujeito nunca escolhe como objeto amoroso uma mulher que esteja livre, ou seja, solteira ou sozinha, mas exclusivamente uma mulher sobre a qual outro homem, marido, noivo ou namorado, possa fazer valer direitos de propriedade." Uma segunda condição não é menos interessante: somente a mulher de má reputação em sua vida sexual exerce a atração que faz dela objeto amoroso (Odette é uma *cocotte*, Rachel é uma prostituta). Segundo os termos de Freud, trata-se do "amor à prostituta". Compreende-se, então, que para os amantes desse tipo o ciúme seja uma necessidade: "Somente quando podem sentir ciúme sua paixão culmina". O ciúme não se manifesta contra "o dono legítimo da mulher amada", mas contra novos conhecidos. Proust hospedou em sua casa a companheira do homem que ele amava, Agostinelli, sem sentir ciúme, e teve uma grande amizade com a noiva de seu amigo de juventude, Gaston de Caillavet, com a amante de Louis d'Albuféra, a atriz Louisa de Mornand (modelo para Rachel), com a de Paul Morand, a princesa Soutzo. O triângulo amoroso é uma constante na vida de Proust. Freud constata, justamente, que "tais paixões se repetem várias vezes" e por vezes constituem uma longa série. Proust, em sua vida e em sua obra, explora exatamente a mesma via que Freud.

Um amante desse tipo tende a salvar a mulher amada, a acolhê-la em sua casa, a não querer mais deixá-la, a educá-la, a propor-lhe contratos, como Swann com Odette ou Proust com os motoristas de táxi e os garçons do Ritz. A psicanálise permite oferecer uma explicação para esse comportamento. Recapitulemos a análise de Freud. A mãe pertence ao pai (que é o terceiro prejudicado). A mãe é insubstituível, única, só se tem uma mãe. Os objetos amorosos são uma série, porque são substitutos maternos. A série é infinita em busca de satisfação, como a dos jovens na vida de Marcel Proust, e a das raparigas na vida de seu herói. Num verão em Balbec, descrito em *Sodoma e Gomorra*, "treze moças" lhe concederam seus "frágeis favores", sem contar Albertine, "que foi a décima quarta".

O tema da puta surge na adolescência e na descoberta da verdade sobre as relações sexuais entre os pais, bem como sobre a existência das prostitutas. A mãe que se entrega ao pai comporta-se como elas, esta é a fantasia. A mãe, infiel ao filho, age como uma puta. O desejo se mescla à sede de vingança. Assim, o Narrador de *Em busca do tempo perdido* sonha várias vezes em encontrar a jovem mundana que, segundo Saint-Loup, sempre associado a essa figura, a essa fantasia, frequenta os bordéis para se entregar ao primeiro que chegar. Ela se chama srta. de L'Orgeville. Ele nunca a encontrará, pois ela não passa de uma fantasia. Chateaubriand também nunca encontrará a sílfide com que sonhava. A cada um sua sílfide.

Capítulo 14

Irmão

O leitor de Proust constata o pequeno lugar ocupado pelas relações fraternas nos volumes de *Em busca do tempo perdido*. O Narrador não tem irmãos. Alguns personagens têm um: o duque de Guermantes e o barão de Charlus, os gêmeos tomates, os filhos da sra. De Surgis (no primeiro caso, um deles é homossexual, reproduzindo, é verdade, o modelo dos irmãos Proust; nos dois últimos, eles são objeto de desejo homossexual. É interessante notar que Proust, ao criar esses personagens, os associa à inversão). Tampouco há irmãs.

Se considerarmos a vida de Marcel Proust, as relações entre os dois irmãos – muito diferentes entre si, um doente, o outro saudável e esportivo, um próximo do pai, de quem segue a profissão, ou outro próximo da mãe, que não tem uma, a proximidade encarnando-se na semelhança física com os pais – sempre foram excelentes. Robert Proust relatou a maneira carinhosa e maternal de Marcel para com ele. Há provas disso nas cartas que Marcel escreve durante a guerra, em que fala do irmão: "Eu que perdi o sono desde que Robert partiu". Marcel, por exemplo, ao longo de toda a guerra envia importantes somas de dinheiro à amante de Robert Proust, a sra. Fournier, que não se mostra fácil para com ele (não mais que a sra. Robert Proust, ao descobrir a amante do marido e o papel desempenhado pelo cunhado: "Robert, no segundo em que ela saiu", escreve Marcel à sra. Fournier, "disse-me quase ao ouvido que sua mulher havia descoberto tudo entre vocês dois. Ignoro, aliás", Marcel acrescenta com cortesia, e quem sabe com ironia, "o que é esse 'tudo' e como ela pôde descobri-lo"), conforme atestado por uma correspondência recentemente vendida, cujos excertos foram publicados no *Bulletin d'informations proustiennes*, em 2011. Marcel parece ter-se desenvolvido normalmente ao assumir uma atitude paterna em relação ao irmão, que se torna seu substituto e ocupa seu lugar.

Com Freud, foi diferente. Ele confessa a Fliess seu ciúme pelo irmão Julius e seu desejo de vê-lo desaparecer, sentimentos experimentados por volta de um ano de idade, mais tarde revividos: "Recebi a chegada de meu irmão um ano mais novo (que morreu com poucos meses) com desejos adversos e um genuíno ciúme infantil, sua morte deixou em mim o germe da repreensão". Ele não se detém no despertar dessa lembrança cruel, que se oculta nos sonhos de morte. Mais tarde, Freud será o primeiro a falar de "complexo fraterno".

Freud destacou e estudou esses mesmos sentimentos em Goethe, a partir de uma página, aparentemente anódina, de *Poesia e verdade*. Sabemos que Goethe jogava a louça pela janela como para se livrar simbolicamente do irmão mais novo. Com a morte deste, o pequeno Goethe reencontrou o equilíbrio e a alegria. "Quando se foi sem contradição o filho predileto da mãe", conclui Freud, "conserva-se por toda a vida o sentimento do conquistador, a confiança do sucesso que, na realidade, raramente não o traz. E Goethe poderia, com razão, usar como epígrafe para a história de sua vida uma reflexão como esta: minha força tem suas raízes na relação com minha mãe". Um sentimento decididamente otimista, e mesmo triunfante, aparentemente apaga o sentimento de culpa, a rivalidade pela mãe, o medo do abandono.

Esse caráter confiante aparece no mais velho dos irmãos Proust, na segurança com que ele conduz sua ascensão mundana, penetrando pouco a pouco nos salões mais fechados de Paris (fazendo a crônica destes nos jornais *Le Figaro* e *Le Gaulois*), e também na maneira como ele faz as amizades mais diversas e mais sólidas: dezenas de homens e mulheres se ligaram a ele, deixaram-lhe suas recordações, às vezes livros inteiros. Poucas pessoas resistiram ao seu charme e à sua vontade de ferro. Por fim, e acima de tudo, esse caráter de filho mais velho e amado pela mãe pode ser percebido nas relações que ele manteve com sua obra. Apesar das numerosas recusas recebidas por seus manuscritos, ou por simples resumos de seus escritos, ele nunca se desencorajou, nunca duvidou. Os artigos incompreensivos ou irônicos tampouco o abalaram. A confiança no próprio gênio nunca o abandonou. Foi o que lhe permitiu importunar seu editor definitivo, Gaston Gallimard, muito mais do que fizera com Bernard Grasset.

Mas tudo isso não é bonito demais? Não há em Proust um complexo fraterno (estudado por J.-B. Pontalis em *Frère du précédent*), do qual não conhecemos as marcas, dada a ausência de memórias de infância dos dois irmãos, que talvez tenham sido cuidadosamente recalcadas, como o próprio irmão, eliminado de *Em busca do tempo perdido*? Esse livro, de fato, também é um romance familiar: "Uma variante interessante do romance familiar", escreve Freud, "é aquela em que o herói, autor da ficção, ao eliminar dessa maneira os outros irmãos e irmãs como ilegítimos, tem reconhecida, de sua parte, a legitimidade". Como Freud, que pouco fala de Julius e suprime de seu *O homem Moisés e a religião monoteísta* Aarão, irmão deste, que intervém uma única vez, aliás apresentado sem convicção, como "aquele que é chamado de seu irmão", para apoiar as palavras difíceis do herói? Alguns acreditaram na existência desse complexo fraterno e atribuíram a primeira crise de asma de Marcel, aos nove anos, à chegada do irmão à idade da razão. Milton Miller, autor do primeiro estudo psicanalítico completo de Proust, em 1956, baseia amplamente sua análise no trauma do nascimento do irmão. Por outro lado, ele destaca que Proust havia introduzido em seu romance figuras fraternas, como Robert de Saint-Loup, que retoma Henri de Réveillon, de *Jean Santeuil*. Terá Proust lembrado que a mãe o chamava de "Mon petit Loup [Meu lobinho]"? No entanto, a não ser pela afeição ao Narrador, Saint-Loup não tem quaisquer das características de Robert Proust na vida real, e seu personagem é como que degradado ao fim do romance: tornando-se homossexual, ele frequenta o bordel de Jupien e ali deixa cair sua medalha de guerra. Marcel, que se inspira no amigo Bertrand de Fénelon para o caráter do personagem, muda de modelo e representa Robert d'Humières, morto em combate como Saint-Loup, mas não como Robert Proust.

Designar esses dois homens leva-nos à compreensão de que essas figuras fraternas têm um caráter ambíguo, que são objetos do amor materno. A presença delas torna-se mais clara à luz de um dos últimos textos de Freud, a biografia do presidente W. Wilson, escrita com William Bullitt, antigo colaborador do político e embaixador. O interessante é que esse retrato estabelece uma ligação entre o complexo fraterno e a homossexualidade latente, lançando novas luzes sobre a biografia de Proust. Wilson tinha um irmão mais novo que era seu rival na disputa do afeto materno. "Mais tarde, Wilson sempre teve a necessidade de manter relações afetuosas com um homem mais jovem (...). Nessas amizades, Wilson claramente desempenhava o papel de seu próprio pai e o amigo o representava quando jovem". Mas um sentimento de hostilidade, de traição, também pode acompanhar esses sentimentos afetuosos. Proust pode tê-los transferido às figuras fraternas de Reynaldo Hahn, Lucien Daudet, Bertrand de Fénelon, Agostinelli. Como Wilson, Proust "reencena constantemente seu drama infantil" e provoca o desastre. Ao gerarem um irmão, os pais traem o filho mais velho. A censura pelo abandono é transferida aos amigos que assumem o lugar do irmão: eles não estão repetindo, reencenando, a traição inicial?

Capítulo 15

Atos falhos

Um belo exemplo de duplo ato falho encontra-se numa carta que Marcel Proust escreveu aos dezesseis anos ao avô. Ele lhe pede treze francos: "Eis a razão. Eu precisava tanto ver uma mulher para cessar meus maus hábitos de masturbação que papai me deu dez francos para ir ao bordel. Mas, em minha emoção, primeiro quebrei um penico, três francos. Depois, nessa emoção, não fui capaz de trepar. Estou agora à espera constante de mais dez francos para me aliviar e de outros três francos para o penico". O jovem Marcel ainda não tem a coragem e a resolução, desejadas por Freud, de interpretar "os pequenos atos falhos nas relações dos homens como signos premonitórios e de explorá-los como indícios das intenções que eles guardam ainda secretas".

Proust não coloca o irmão Robert em seu romance. Seria um ato falho? Se pudesse prever todas as observações que os críticos fariam a respeito, ele teria se arrependido? Na verdade, Proust não suprime o irmão, ele simplesmente não dá um irmão imaginário a seu herói narrador imaginário. Grandes romancistas não fizeram o mesmo? Onde estão os irmãos de Balzac e Flaubert, a irmã de Stendhal?

Freud demonstrou a importância desses detalhes da criação, desses atos falhos, desses lapsos, e Proust os estudou.

"Acontece várias vezes de um poeta utilizar-se do lapso de língua ou de outro ato falho como meio de representação poética. Esse fato é suficiente para nos mostrar que ele considera o ato falho, como por exemplo o lapso de língua, como possuidor de sentido, pois ele o produziu deliberadamente." Freud dá exemplos de Schiller, Lichtenberg e, como é comum, de Shakespeare. "Deliberadamente": ou seja, é o personagem que comete um lapso, não o autor, que o enche conscientemente de sentido. Ao menos em princípio, como veremos a respeito de Proust e "o quarto 43".

Antes de abordar especificamente os lapsos, Freud enfatiza a importância dos fatos miúdos para compreender a vida psicológica. A matéria das observações psicanalíticas "é geralmente constituída por esses incidentes não aparentes que são descartados pelas outras ciências como sendo ínfimos demais, de certo modo o refugo do mundo fenomênico". Ora, coisas importantíssimas são traídas "por indícios de intensidade muito fraca". Não há melhor definição para o método de Proust: os fatos miúdos fazem do romancista um realista, ou alguém que se mantém na superfície do relato; saber interpretá-los faz o grande romancista.

O lapso é o resultado da interferência e do choque entre duas intenções diferentes, duas forças antagônicas do discurso, uma ação perturbada, que é aparente, e uma ação perturbadora, que está oculta e já perturbada. Estudá-lo é uma necessidade, que Proust coloca em seu romance: "Aquilo que não havíamos percebido até então e que acaba justamente de somar-se é fundamental". O problema reside na interpretação dos indícios quando da ausência de confissão do locutor. Podemos tomar como ponto de referência "a situação psíquica na qual o ato falho ocorre, com o conhecimento que temos da pessoa que comete o ato falho e das impressões que marcaram essa pessoa antes do ato falho e às quais é possível que ela reaja por meio desse mesmo ato falho". A confirmação da interpretação é dada pela situação psíquica.

Podemos aplicar o método de Freud a um dos mais surpreendentes lapsos recriados por Proust em *A prisioneira*. Proust, é verdade, fez a maior parte do trabalho, atribuindo esse lapso à situação anormal da jovem nua ao lado do Narrador (cuja reação não conhecemos) diante de Françoise, à emoção, ao acaso: "Lembro-me de que uma vez Albertine, quando Françoise, que não tínhamos ouvido, entrou no momento em que minha amiga estava nua contra mim, disse, querendo me avisar: 'Veja, a bela Françoise'. Françoise, que não enxergava direito e atravessava a peça bastante longe de nós, sem dúvida não teria percebido nada. Mas as palavras tão anormais de 'bela Françoise', que Albertine nunca antes pronunciara, mostraram por si mesmas sua origem; ela as sentiu colhidas ao acaso pela emoção, não precisou ver nada para compreender tudo e foi embora murmurando em seu dialeto a palavra 'poutana'".

A incerteza da interpretação reside apenas no adjetivo "bela", coisa que a velha criada não é. Albertine projeta, por meio de uma tendência perturbadora relacionada ao ato sexual, sua própria beleza na feiura da intrusa? Seria o lapso invertido assinalado por Freud: ela é feia e se torna bela sob o choque, porque inverte, como em sonho, as palavras esperadas? Terá ela lembrado da canção: *C'est la belle Françoise, Longué, C'est la belle Françoise Qui va se marier*? Esta, em todo caso, compreende tudo sem nem mesmo ver o casal.

Esse não é o único lapso analisado por Proust, pois o tom de voz também pode ser revelador: a voz raivosa e vulgar que Legrandin emite subitamente "sem qualquer relação racional com o que ele dizia, tinha outra mais imediata com alguma coisa que ele sentia. (...). E, de repente, é um animal imundo e desconhecido que se faz ouvir em nós", confissão de um defeito ou de um vício análogo à "confissão súbita indireta e estranhamente proferida por um criminoso que não pudesse impedir-se de confessar um assassinato do qual não o sabíamos culpado". (Aqui, não podemos deixar de pensar em Dostoiévski.)

Proust vai ainda mais longe na exploração das profundezas do inconsciente e do recalque: dois russos hesitam em entrar no bordel de Jupien e um deles repete "afinal de contas, é por gozação!". "Era esse *afinal de contas, é por gozação*, um exemplar entre mil da linguagem magnífica, tão diferente daquela que falamos habitualmente, na qual a emoção desvia o que queríamos dizer e faz desabrochar em seu lugar uma frase completamente diferente, emersa de um lago desconhecido onde vivem expressões sem relação com o pensamento e que por isso mesmo o revelam." Esse lago desconhecido é uma imagem magnífica do inconsciente, que se comunica com todas as águas de *Em busca do tempo perdido*, desde o rio Vivonne até o mar em Balbec.

O lapso não é ditado apenas pela sexualidade: "Certa vez, muito mais tarde, quando Bloch já era pai de família e casara uma das filhas com um católico, um senhor mal-educado disse a esta que pensava ter ouvido falar que ela era filha de um judeu e perguntou-lhe seu nome. A jovem, que fora a srta. Bloch desde que nascera, respondeu pronunciando Bloch à alemã, como teria feito o duque de

Guermantes, isto é, pronunciando o *ch* não como um *c* ou *k*, mas com o *rh* germânico". A srta. Bloch, portanto, incorpora o antissemitismo do interlocutor.

Para os dois autores, tudo reside na interpretação da linguagem. Voltando a esta, Freud escreve, em *Um estudo autobiográfico*: o Verbo "é um instrumento de poder, o meio pelo qual comunicamos aos outros nossos sentimentos, o caminho pelo qual adquirimos influência sobre os outros homens. As palavras podem fazer um bem indizível ou causar feridas terríveis". Toda a arte do romancista está fundada no verbo: "Eu havia chegado", diz o Narrador, "a só dar (...) importância aos testemunhos que não são uma expressão racional e analítica da verdade: as palavras em si só me informavam se fossem interpretadas à maneira de um afluxo de sangue ao rosto de uma pessoa que se perturba, ou ainda como um silêncio súbito". Ideias que o interlocutor não exprime podem ser extraídas de sua fala "por tais métodos de análise ou de eletrólise apropriados". Assim, quando Albertine exclama que, em vez de precisar lidar com os Verdurin, ela prefere ter uma noite livre "para se fazer arrombar... Imediatamente, seu rosto ficou vermelho" e ela declara não saber de onde lhe vieram aquelas palavras vulgares cujo sentido ela ignorava. Albertine revela, assim, hábitos sodomitas, a menos que, por inadvertência, Proust, empregando um léxico masculino, tenha se esquecido de que não se tratava mais de Agostinelli. A propósito dos sintomas ou do vocabulário científico, nunca se esteve mais próximo do que em *A prisioneira* de *Sobre a psicopatologia da vida cotidiana*, cujas análises foram retomadas quinze anos depois em *Conferências introdutórias à psicanálise*.

Outros atos falhos também são estudados pelos dois homens, como o esquecimento do nome próprio e sua busca desesperada, que Proust descreve de maneira clínica em três páginas de *Sodoma e Gomorra* sem especificar suas causas. Ele descreve o processo de busca, não a razão do esquecimento, que é o recalque. É preciso dizer que o esquecimento do nome (fictício) da sra. De Arpajon, acontecido durante uma *soirée* mundana, dificilmente pode ser ligado ao inconsciente do Narrador. Os comentadores mais hábeis não se arriscaram a tanto. A razão mais plausível seria a de que o herói não quisesse absolutamente ver essa senhora. Freud nos convida a procurar as causas desses atos falhos através da construção, por exemplo em torno do esquecimento do nome de Signorelli, de verdadeiras novelas policiais.

Proust também baseia uma importante reviravolta do luto e do esquecimento de Albertine num lapso de leitura. Um telegrama lido como estando assinado por Albertine e não por Gilberte (o lapso é autorizado pela sílaba comum) faz o Narrador acreditar que Albertine não está morta. Um último sobressalto da obsessão que o dominava até então o obriga a constatar que seu amor por ela não existe mais, que o luto acabou, que o esquecimento fez efeito e que ela está mesmo morta. O erro de leitura é atribuído pelo romancista ao empregado do telégrafo; pouco importa, na verdade, pois o Narrador poderia tê-lo cometido: "Quantas letras lê numa palavra uma pessoa distraída e sobretudo predisposta, que parte da ideia de que a carta é de uma certa pessoa? Quantas palavras numa frase? Adivinha-se ao ler, cria-se; tudo parte de um erro inicial". Freud diz o mesmo: "Substitui-se a palavra que deve ser lida por outra, sem que seja necessário haver uma relação de conteúdo entre o texto e o efeito do lapso, geralmente baseado numa semelhança na palavra".

Outro lapso, do Narrador, foi objeto de comentários aprofundados. É o lapso do quarto 43. Estamos em Paris, durante a Guerra de 1914, no bordel de Jupien. O Narrador observa, do quarto 43, por uma claraboia, Charlus sendo amarrado e açoitado no quarto 14 bis. Um pouco depois, por um lapso que ali coloca a cama de Charlus, é no quarto 43 que a cena se desenrola. Mario Lavagetto deduziu tratar-se de uma ruptura do pacto romanesco: em vez de tudo ser observado de longe pelo Narrador, este se encontra na ação ou na paixão, no quarto maldito: ele confessa, portanto, ser homossexual e, por que não, sadomasoquista. E sem dúvida Proust com ele.

Antoine Compagnon deteve-se longamente sobre a questão do Narrador traindo sua homossexualidade. Para ele, o lapso não pode ser atribuído ao Narrador, mas a Proust, que aliás poderia tê-lo corrigido se não tivesse morrido antes. Não esqueçamos, aliás, que Proust não é um autor realista: como é possível ver o quarto 14 bis do quarto 43? Apenas do outro lado de um pátio, que não é mencionado no texto. A demonstração de Lavagetto cai por terra.

Essa questão esconde, ou revela, uma crítica frequente a Proust, depois de Gide. Por que o Narrador não é homossexual? Perseguem-se indícios que mostrem que ele o é, como o lapso do quarto 43. Seria o mesmo que criticá-lo por não ser judeu, ou não realmente asmático, ou por não ter um pai médico. Já falamos a respeito do irmão.

Tudo se esclarece quando, em vez de partir do texto, de um suposto "contrato" entre o autor e o leitor, partimos da biografia. Há muito tempo, em 1971, tentamos mostrar que Proust constrói um mundo artístico, portanto fabricado, imaginário, com uma sutileza de meios digna de Henry James. Não há imaginário sem distância em relação à vida, à autobiografia. Proust homossexual concebe um herói que não o é, coisa que, para ele, é muito mais divertida do que contar a si mesmo. Basear-se no que sabemos sobre o autor para descobrir um lapso em seu romance é partir de uma montanha para encontrar um rato. Melhor constatar que ele nos faz entrar, como Freud, na região mencionada em sua correspondência, “onde somente os maiores gênios podem nos fazer penetrar e de onde também estão ausentes a complacência e o ressentimento”.

Outro lapso é cometido por Proust ao fim da vida, quando ele tem uma espécie de choque ao saber de uma reprodução do quadro de Tissot, *Le Cercle de la rue Royale.* Ele coloca então em *A prisioneira* uma invocação bastante inabitual ao “caro Charles Swann”, que se encontra, diz ele, no quadro entre Saint-Maurice e Galliffet. Ora, se analisarmos o quadro, que hoje se encontra no Musée d’Orsay, percebemos que este não é Charles Haas, que aparece à porta do terraço, mas o príncipe Edmond de Polignac. Proust dedicou-lhe uma viva admiração, atestada por uma crônica de 1903: “Era um príncipe amável, uma grande alma e um potente músico”. O fogo espiritual que o habitava havia esculpido seu rosto à imagem de seu pensamento. Em 1918, Proust teria dedicado a ele *À sombra das raparigas em flor* se a princesa não o tivesse recusado, assustada com a aproximação entre o título, seu marido e os hábitos que lhe, que lhes atribuíam. Podemos supor que Proust substituiu inconscientemente Charles Haas por outro homem que ele havia amado e que, além disso, como no romance familiar dos neuróticos, tinha uma grande qualidade: era príncipe.

Capítulo 16

Chiste, humor

> Brincando pode-se dizer tudo,
> até mesmo a verdade.
> S. Freud

O chiste é um lapso bem-sucedido, diz Freud. Por isso sua relação com o inconsciente. Freud e Proust têm em comum o gosto pelo riso, pela graça, pelo humor. O primeiro, como vimos, aponta à noiva que eles ainda não compartilham "o mesmo humor". Ele ri como um louco ao ler *Dom Quixote* (1883), demonstrando um "alegre enfado" que o leva a "empregar mal seu tempo". Teria herdado esse humor dos pais? Do grupo social? Imagina-se que Marcel Proust tenha herdado o humor da mãe e dos avós, em vez do espírito médico do pai e suas histórias de internato, que ele conhecia e das quais zombava através do personagem do dr. Cottard. Até o fim da vida, um de seus maiores prazeres será ler as páginas cômicas de sua obra aos amigos, dentre os quais Jean Cocteau, que magnificamente evocou em *Opium* o riso de Proust lendo e enchendo o rosto com seu riso ao sufocá-lo com as mãos.

Cada um criou para si uma cultura cômica (que morre quando não alimentada) recolhendo um conjunto de histórias engraçadas, frequentemente judaicas, ou chistes conhecidos nos salões e nos teatros parisienses do fim do século XIX, o espírito Meilhac e Halévy. Proust o encontra numa Halévy, a sra. Straus, de quem toma emprestados vários "gracejos" para a sra. De Guermantes, e nas peças de seus amigos Robert de Flers e Gaston de Caillavet ("Antes encontrá-lo em minha cama do que o diabo", "velho chiste" ou provérbio que Cottard aprende com os Verdurin, encontra-se na peça *Miquette et sa mère*).

Chiste, humor: pode-se ter o primeiro sem ter o segundo. O chiste surge de maneira descontínua, explode na fala em momentos isolados. O humor é uma atitude constante. Ambos são fenômenos de linguagem, isto é, o exato objeto da análise freudiana e da reconstrução proustiana. Eles são o sinal, descontínuo para um, contínuo para outro, de um distanciamento em relação às palavras que vêm dos outros, e da vida. Mas só se toma distância da vida quando ela nos faz sofrer. Proust nunca revelará diretamente a causa desse profundo mal-estar sobre o qual ele se esforça em triunfar pelas palavras. Esse prodigioso autor cômico contentou-se em nos fazer rir. É graças a Freud que encontramos a resposta. A última frase de *O chiste e sua relação com o inconsciente* não poderia ter sido escrita por Proust, em seu pensamento e forma, inclusive por seu ritmo ternário terminal? Em estudo mais tardio, é um pouco antes do fim que aparece uma bela fórmula literária, fruto de uma longa experiência, sobre o humor que "fala essas bondosas palavras de conforto ao ego intimidado".

O chiste

Freud sempre colecionou histórias engraçadas, os chistes, especialmente em sua correspondência com Fliess, pois mesmo os sonhos têm graça. Ele percebe a possibilidade de uma relação entre os chistes e o inconsciente. Passa, então, vários anos aprofundando o problema, encontrando um sentido a seu aparente absurdo. Para se justificar por abordar um assunto que parece tão fútil, ele afirma que toda aquisição psicológica, por mais longínqua que possa parecer, ajuda a fazer progredir outros campos da psicanálise. Outra justificativa para um estudo que poderíamos estar tentados a acusar de futilidade é que o chiste desempenha um papel importante na sociedade.

Também encontramos nele o tema do prazer, pois o valor psicológico do chiste reside no prazer que ele proporciona. Como todo prazer, ele devolve o adulto às brincadeiras de infância. "Depois que a criança adquire o vocabulário de sua língua materna", escreve Freud, "ela sente prazer em experimentar esse patrimônio de maneira lúdica. Ela reúne as palavras sem preocupar-se com seu sentido, para gozar do prazer do ritmo e da rima." Mais tarde, ela procura libertar-se das restrições, desfigurar as palavras ou as frases. Ela se dedica a esses jogos "com plena consciência de que são absurdos, atraída apenas pelo que é proibido pela razão". Ela utiliza o jogo para abalar o jugo da razão crítica. Existe um prazer do "nonsense liberado".

Todas as produções verbais que dependem do cômico "obedecem ao princípio do prazer". A técnica desses jogos assemelha-se à da elaboração do sonho. O chiste elabora um material inconsciente e infantil. Como o sonho, ele transforma ideias em imagens, condensa e desloca seus elementos.

Enquanto o sonho é associal, o chiste "é a mais social das atividades psíquicas visando a um benefício de prazer". Ele precisa, além disso, ser compreensível: o ouvinte é capaz de restabelecer seus efeitos. Enquanto o sonho permanece um desejo, o chiste é o desenvolvimento do jogo.

Assim como Freud coleciona anedotas e chistes em seu ensaio, Proust faz o mesmo em seu romance, especialmente nas partes mais sociais: *Um amor de Swann*, *O caminho de Guermantes*. Existe, aliás, uma hierarquia das palavras: as palavras vulgares, fáceis, de Cottard, seus trocadilhos, que Freud descreve como a forma mais vulgar de chiste, os gracejos medíocres de Brichot e o espírito refinado de Swann e da duquesa de Guermantes, "as palavras de Oriane". Sabe-se que Proust colocava na boca de seus personagens as palavras que havia ouvido e que se propagavam pelos salões de seu tempo. Elas estariam esquecidas se ele não as tivesse recolhido, exatamente como as que Freud registrou em *O chiste e sua relação com o inconsciente*.

O prazer infantil descrito por Freud a respeito da comicidade das palavras é encontrado em Proust, que, assim como retratado por Bergson, vivia na última grande época dessa comicidade verbal, de Alphonse Allais, Georges Feydeau, Sacha Guitry e, mais tarde, Anouilh e Giraudoux. Hoje, o chiste desapareceu da vida mundana e da vida social: de quem propagaríamos ainda os gracejos, como se fazia com os de Wilde, de Montesquiou, de Aimery de La Rochefoucauld, de Boni de Castellane, da sra. Straus? A palavra só pode existir graças a uma terceira pessoa, um destinatário, que concorde com a primeira no plano psíquico e compartilhe, ou exclua, as mesmas inibições. Oriane de Guermantes, num salão estrangeiro, precisa no mínimo da presença de Swann, que faz parte de seu clã, para ser compreendida.

O espírito de Oriane, variante do espírito Guermantes, é um fenômeno coletivo: os membros do clã emitem e compreendem o mesmo gênero, ou estilo, de gracejo. Ele unifica o clã (Guermantes), que o compreende, às custas daqueles que são seu objeto e não o entendem. O clã garante-se, assim, um prazer reiterado e cúmplice, oferecendo-se a si mesmo em espetáculo: "Só quando o vejo é que deixo de me entediar", diz a princesa des Laumes a Swann.

Esse espírito dos Guermantes consiste especialmente em colocar aspas ao pronunciar todas as palavras julgadas incongruentes, em todos os lugares-comuns: nos destacamos destacando-os. E em fazer chistes, que Proust associa a Meilhac e Halévy (nós ainda os conhecemos graças a Offenbach, para quem eles escreveram libretos) fazendo prova de "espírito alerta, desprovido de lugares-comuns e de sentimentos convencionais, que descende de Mérimée e encontrou sua última expressão no teatro de Meilhac e Halévy". Ele se quer único: "Você então conhece outros que o tenham", pergunta Oriane, rindo. Esse espírito de clã responde a outro, o dos Mortemart, que Proust tentou reconstituir, pois Saint-Simon o menciona sem nunca o definir. Freud comenta da mesma forma as histórias judaicas, ao menos as que são criadas pelos judeus. Ele faz a descrição do riso com a mesma sutileza de Proust: "Quando faço o outro rir, contando-lhe meu chiste, no fundo sirvo-me dele para provocar meu próprio riso, e é possível, de fato, observar que aquele que começou a contar o chiste com uma expressão séria em seguida faz coro com a gargalhada do outro com um riso moderado".

O chiste e o espírito, que é sua fonte (a palavra alemã "witz" designa as duas), são portanto uma maneira de se destacar do mundo, da vulgaridade e do tédio: a duquesa de Guermantes sempre teme, ou finge, entediar-se. Por fim, é uma maneira de destacar-se de si mesmo.

O mecanismo do chiste é análogo ao do sonho, com condensação, deslocamento, inversão. Proust com frequência emprega o deslocamento no humor: os novos óculos da sra. Verdurin mostram de que modo, como no sonho, o que era importante torna-se acessório e o que era acessório passa a ocupar uma posição central – "Estavam em maravilhoso estado. Mas, por trás deles, percebi, minúsculo, pálido, convulsivo, expirante, um olhar distante sob esse potente aparelho, assim como, nos laboratórios mais profusamente subvencionados para as tarefas nele realizadas, se coloca um insignificante animal agonizante sob os aparelhos mais aperfeiçoados". Quanto mais a frase se afasta do assunto em questão, como no caso do personagem que pronuncia uma frase com o tom que ela teria ao se pronunciar um verso de Racine, "verso que lhe era, de resto, absolutamente desconhecido", num procedimento próximo da metáfora, que pode parecer ainda mais poético porque mais afastado, mais esse afastamento se torna, em sua desproporção, no momento em que devemos satisfazê-lo, cômico. Afastamento aumentado também pela surpresa que sentimos ao saber Proust a par das subvenções aos laboratórios.

Em 1927, cinco anos depois que Proust cessou de fazer os amigos rirem lendo-lhes seu romance ou fazendo imitações nos salões, Freud publica um artigo sobre o humor. Ele lembra que em *O chiste*, mais de vinte anos antes, ele só havia abordado a economia de energia afetiva que está na fonte do humor. Manifestamos com o gracejo as exteriorizações afetivas que uma situação causou. Como o humorista chega a essa atitude psíquica?

Freud propõe uma importante interpretação. No humor, o ego se recusa a ser ofendido: os traumas vindos do mundo externo não podem atingi-lo e são mesmo fonte de prazer – é o triunfo do princípio do prazer. O superego, herdeiro da autoridade parental, trata o ego como criança. É a autoridade paterna encarnada em nós pelo superego que consola o ego infantil por suas desgraças ilusórias. Na atitude humorística, o superego inchado faz o ego aparecer como minúsculo, e seus interesses ou preocupações como fúteis. O mais importante não é o gracejo específico, mas "a intenção que o humor coloca em ação". Ele quer dizer: "Veja, aí está o mundo, que parece tão perigoso. Uma brincadeira de criança, excelente para fazer um gracejo!". O ego, em suma, se refugia no superego para negar os infortúnios advindos ao ego. Um exemplo, nem de Proust de nem Freud, mas de Oscar Wilde ao morrer, que ainda encontra forças para dizer: "Estou morrendo como vivi: acima de minhas condições!".

O chiste é o conteúdo de um instante e a contribuição do inconsciente ao cômico, o humor encarna uma atitude permanente diante da vida e a contribuição do superego ao cômico. Lembremos do pai de Marguerite Yourcenar, que disse à filha: "Afinal, que se danem, nós não somos daqui". A infância é redescoberta, diz Freud, "uma idade em que ignorávamos o cômico, éramos incapazes de espírito e não precisávamos do humor para nos sentirmos felizes na vida".

Capítulo 17

Luto

Doença

Sabemos do que Proust sofria. Mas que doença tem o Narrador? Proust atribui-lhe alguns sintomas de asma, especialmente a angústia de quartos desconhecidos, as insônias devidas às crises noturnas (nunca descritas, ao contrário das que ocorrem no conto "O indiferente"), as preocupações maternas (mas não paternas) com sua saúde, as enfermidades secundárias psicossomáticas, como a que o impede de ir a Florença. Os asmáticos temem a separação da mãe ou de seu substituto: o Narrador, em Veneza, reúne-se à mãe no trem, apesar do atrativo das mulheres e da camareira da baronesa Putbus.

O Narrador sofre, além disso, de uma doença na moda, à qual Ribot dedicou uma obra, a "doença da vontade". Esse mal já havia aparecido em *Os prazeres e os dias.* Um certo número de sintomas nervosos, ou neuróticos, recebem, dependendo da época, da moda, da escola ou do cientista, um nome diferente: neurastenia (G.M. Beard, Estados Unidos, 1869), histeria (desde a Antiguidade e, no século XIX, Briquet, 1859, Charcot, Richer, A. Binet), psicastenia (Janet; o conceito também aparece em Sartre).

As palavras *histérico*, *neurastenia* e *neurose* aparecem nos volumes de *Em busca do tempo perdido*.

As síncopes de Freud também expressam o medo da separação, da ruptura (com Jung). Ellenberger, o historiador da descoberta do inconsciente, inventa o conceito de "doença criadora" em Freud, que ele também encontra em Jung, Fechner e Nietzsche.

Em contrapartida, Freud, ao contrário de Proust, e como se fosse mais importante ser filho de médico do que ser médico, não se sente nem um pouco médico. Em *A questão da análise leiga*, Freud se dedica, após um impressionante quadro dos sintomas neuróticos, a mostrar que os médicos são incapazes de tratar de suas causas. Em Proust, Du Boulbon também não consegue curar o Narrador, tampouco sua avó. A doença desta leva-a à morte, uma das grandes cenas de *Em busca do tempo perdido*, e leva o herói ao luto.

Luto

É perturbador constatar que é com um ano de diferença que, Proust primeiro, Freud depois, ambos descrevem as diferentes etapas do luto, em *Albertine desaparecida* e *Luto e melancolia*. Não há palavra da análise freudiana que não se aplique aos diferentes momentos do luto por Albertine. Naturalmente, a análise dos sentimentos é muito mais profunda no romance, que fornece um exemplo maravilhosamente detalhado à teoria do psicanalista. O que não significa que faltem ideias a Proust: poucos romancistas, pelo contrário, enunciaram tantas ideias, escreveram tantas frases abstratas, filosóficas, que contribuíram para a ciência do comportamento.

Lembremos as diversas fases do luto segundo Freud, cuja reflexão não é estranha à guerra (que ele condena em seus fins e meios), como mostrado por outro grande texto, "Nossa atitude em relação à morte". O luto se caracteriza por perda de interesse pelo mundo externo ("na medida em que ele não lembra o defunto"), perda da capacidade de amar (que significaria a substituição da pessoa pela qual estamos de luto), inibição de todas as atividades. O trabalho do luto consiste em "retirar a libido dos laços que a prendem" ao objeto amado. Numa atitude neurótica, a pessoa que sobrevive se censura pela morte da outra e busca punir-se. "O conflito devido à ambivalência confere ao luto uma configuração patológica e o leva a manifestar-se sob a forma de autocensuras, pois o sujeito é responsável, isto é, ele quis a perda do objeto amoroso." Esse tipo de sofrimento é narcísico: "Pois, como os mortos não mais existem senão dentro de nós", lê-se em *O caminho de Guermantes*, "é a nós mesmos que atingimos sem cessar quando nos obstinamos a relembrar os golpes que lhes desferimos".

O tempo, em todo caso, é necessário para que o ego liberte sua libido do objeto perdido. Freud parece resumir *Albertine desaparecida*: "A cada uma das recordações e das situações de espera que mostram que a libido está presa ao objeto perdido, a realidade pronuncia seu veredicto: o objeto não existe mais". O ego normal, decidindo continuar vivo, "rompe sua ligação com o objeto extinto" e encontra, ao fim do trabalho do luto, uma satisfação narcísica por sobreviver: há um momento em que o Narrador pode finalmente exclamar que Albertine está morta.

Seis semanas depois da morte da mãe, Marcel Proust escreve uma carta à sra. Straus dizendo que, quando ele sai, voltar é que é difícil, pois ele se lembra então de que a cada um de seus retornos a mãe o recebia, ansiosa em relação à sua saúde. Essa preocupação o enchia de remorsos. "Além disso, às vezes parece-me que estou acostumado a esse infortúnio, que vou recuperar o gosto pela vida, culpo-me por isso e, na mesma hora, uma nova dor se abate sobre mim. Pois não temos uma mágoa, o remorso assume a todo instante outra forma, a cada instante sugerido por uma impressão idêntica a uma impressão de outrora". A Porto-Riche, que acaba de perder o filho, ele confidencia que deve se mudar para um lugar que nunca viu sua mãe, e "será preciso celebrar o culto no exílio". Ele mais uma vez se culpa por ter causado tanto sofrimento à mãe, "estando sempre doente, para poder pensar nela sem uma angústia e um remorso horrível". Para Montesquiou: "Ao acaso de uma impressão, uma nova dor nasce". Essas impressões têm lugar em *Sodoma e Gomorra*, no capítulo das "Intermitências do coração". Proust descreve o trabalho do luto, depois da lembrança involuntária da morte da avó que invade o Narrador como se sua morte viesse de acontecer, com palavras que Freud não teria desaprovado. Ele evoca "o instinto de conservação, a engenhosidade da inteligência em nos preservar da dor, começando, sobre ruínas ainda fumegantes, a colocar as primeiras pedras de sua obra útil e nefasta". Os sonhos do herói, que observamos ainda ser incapaz "de sentir novamente um desejo físico", também realizam esse trabalho de desapego: sua avó se restabelece, mas suas palavras não passam de uma "resposta enfraquecida, dócil, quase um simples eco de minhas palavras; ela não era mais que o reflexo de meu próprio pensamento".

Proust empreendeu essa descida aos infernos duas vezes; depois da morte da mãe e nove anos depois, em 1914, quando da morte do indivíduo que ele disse ter mais amado, ao lado da mãe, Alfred Agostinelli. As cartas posteriores ao acidente de avião de 30 de maio de 1914 mostram a exaltação da pessoa amada; "um indivíduo extraordinário, possuindo talvez os maiores dons intelectuais que conheci". Ele também se sente responsável por sua morte, pois forneceu-lhe os meios de aprender a aviação. Mas ao ir para Cabourg, em setembro, aliás com um jovem sueco de grande beleza, ele escreve numa carta a Reynaldo Hahn que essa viagem marcou "uma primeira etapa de desapego" de sua tristeza, que houve horas em que Agostinelli sumiu de sua mente. Depois de idealizá-lo, ele não sente mais dever algum para com ele, porque o jovem havia "agido muito mal" com Proust. É a fase de agressividade para com o morto, descrita por Freud.

Assim como o luto que se segue à morte da avó transpõe o que se seguiu à morte da sra. Proust – com atraso, é verdade –, da mesma forma *Albertine desaparecida* romanceia o luto provocado pela morte de Agostinelli. "Para me consolar, não é uma, são inúmeras Albertines que eu deveria esquecer." O herói precisa, portanto, suprimir uma a uma suas recordações, sofrendo "dores de amputado". A heroína a princípio é idealizada. O herói, ao contrário, se desvaloriza e se sente culpado por sua morte, tanto que não se importa mais com a vida. Ele começa a acreditar, seguindo um processo que Freud observou a propósito da humanidade, na imortalidade da alma. Ao mesmo tempo, revelações sobre o passado da jovem fazem-na aparecer como infiel e perversa. Depois, como uma doença, sua mágoa "melhora": "A ideia de sua morte havia acabado por conquistar em mim o lugar recentemente ainda ocupado pela ideia de sua vida". E é em Veneza (o equivalente romanesco da viagem de Proust a Carbourg) que o herói constata que não pode ressuscitar Albertine nem seu eu de então.

Mais ou menos na mesma época, num texto admirável, *Efêmero destino*, Freud volta ao tema do luto. Ele encontra a explicação para o sentimento experimentado por um "jovem poeta", sem dúvida Rilke, durante uma caminhada. A fugacidade das coisas mais belas as desvaloriza "pelo destino a que elas estavam prometidas", por seu caráter efêmero: essa beleza está destinada ao desaparecimento. O jovem poeta experimenta então um "sentimento de desgosto do mundo". Contra esse sentimento de luto, Freud afirma que o caráter efêmero do belo, longe de desvalorizá-lo, aumenta seu valor. Mesmo que todas as obras desapareçam, "o valor de todas as coisas belas e perfeitas é unicamente determinado pelo significado que elas têm para nossa vida sensitiva, ele não precisa durar mais do que esta última e é, por esta razão, independente da duração absoluta".

Nenhum dos dois autores acredita de fato na imortalidade. Proust afirma que na companhia de obras como a sonata de Vinteuil a morte tem algo de menos provável: "Talvez o nada seja a verdade e todo nosso sonho seja inexistente, mas então sentimos que será preciso que essas frases musicais, essas noções que existem em relação a ele, também não sejam coisa alguma. Pereceremos, mas temos como reféns essas cativas divinas que seguirão nossa sorte. E a morte tem algo de menos amargo com elas, de menos inglorioso, talvez de menos provável". Freud analisa "nossa atitude diante da morte". O homem moderno afasta cuidadosamente todo pensamento da morte, empobrecendo assim sua vida. Ele só aceita enfrentá-la nos romances, onde encontramos "a multiplicidade de vidas de que precisamos. Nós nos identificamos com um herói em sua morte e, no entanto, sobrevivemos a ele, prontos a morrer de maneira igualmente inofensiva com um outro herói". Voltando até o "homem primitivo" do qual nosso inconsciente é o herdeiro indireto, Freud distingue três aspectos: a impossibilidade de imaginarmos nossa própria morte, o desejo de morte do estrangeiro e do inimigo, a ambivalência em relação à pessoa amada, cuja morte podemos desejar. Esse "homem primitivo" teria, diante do cadáver da pessoa amada, conhecido a existência da alma e a persistência de uma vida após a morte aparente. Mais tarde, as religiões proclamaram a existência que segue a morte como mais preciosa e mais completa do que a vida. Faríamos melhor, conclui Freud, se atribuíssemos à morte, "na realidade e em nossas ideias, o lugar que lhe convém". Somente assim tornaremos nossa vida suportável, o que constitui "o primeiro dever do vivo".

Efêmero destino afirma que, depois do luto, ou da guerra, a libido retorna, ou seja, o amor, como Swann seduzido pela jovem sra. De Cambremer ou o Narrador por Albertine depois da morte da avó. Porque "a alta estima em que temos os bens culturais não sofre muito com a experiência que fizemos da fragilidade deles".

Capítulo 18

Psicanálise e leitura do romance

Associações

A associação de ideias constitui, junto como o relato dos sonhos, uma das grandes forças da análise freudiana. Proust procede por associações, e não apenas quando cria imagens. Em *O tempo redescoberto*, por exemplo, elas são chamadas de vínculos: "A sensação comum buscara recriar em torno de si o vínculo antigo, enquanto o vínculo atual que o substituía se opunha com toda a resistência de sua matéria a essa imigração de uma praia normanda ou de um talude de estrada de ferro para uma casa de Paris". A boa associação, a da memória involuntária, se opõe ao recalque e triunfa sobre ele.

O paciente se compromete a dizer ao psicanalista tudo o que lhe vem à mente (lembremos a frase de Tchékhov: "Se eu pensasse tudo o que me passa pela cabeça..."), com absoluta honestidade. Proust, ou seu Narrador, não se comprometeu a nos dizer tudo o que lhe vinha à mente, como em *Jean Santeuil*: "Este livro não foi feito, ele foi colhido"? Ele alguma vez escondeu alguma coisa que pensou? Devemos agradecer-lhe por revelar todo o seu universo mental, os recantos mais ocultos de sua mente?

Ele alguma vez escondeu alguma coisa que viveu? Sem dúvida não conhecemos todos os detalhes de seus passeios, de seus amores, das atividades inspiradas por sua neurose e por suas perversões. Mas, de maneira simbólica, ele nos confidenciou tudo no romance, até mesmo sua atração e repulsa por ratos: "Pode-se ter medo de um rato e não de um leão". Ele menciona os pesadelos "em que nossos pais mortos acabam de sofrer um grave acidente que não exclui uma cura iminente. Enquanto isso, nós os mantemos numa pequena gaiola para ratos, onde eles são menores que camundongos brancos e, cobertos de grandes botões vermelhos, cada qual espetado com uma pluma, dirigem-nos discursos ciceronianos". Um dos cinco grandes casos clínicos relatados por Freud, "O homem dos ratos", revela uma obsessão, um suplício sofrido pelo pai, em que os ratos desempenham um papel essencial. A trama de associações com o sadismo, o amor-ódio pelo pai, o dinheiro e o caráter anal referem-se a este paciente específico, não podemos aplicá-los literalmente, cegamente, a Proust, nem ao Narrador. No máximo podemos dizer que, por trás dessa porta entreaberta, dessa "verdadeira significação monetária dos ratos", existem algumas fantasias proustianas.

Encontramos outras no próprio Freud: a impossibilidade de ir a Roma, o mal-estar em Atenas, o medo do trem, por exemplo, fazem lembrar do Narrador que adoece diante da ideia de ir a Florença ou torna-se presa de grandes sofrimentos ao chegar ao Grande Hotel de Balbec. "Um estúpido medo infantil, ao que parece! Mas a neurose não diz nada de estúpido, tampouco o sonho. Denegrimos de bom grado as coisas que não compreendemos" (a respeito do pequeno Hans e sua fobia por cavalos).

Proust é ao mesmo tempo aquele que fala, como o paciente, e aquele que analisa, que interpreta tudo (menos os próprios sonhos), como o psicanalista. E também aquele que nos faz pensar e falar no lugar do Narrador, cujo monólogo aceitamos e fazemos nosso. Essa abordagem é progressiva, como na análise: o romancista, ainda que apenas para dosar o suspense, não pode revelar tudo de uma só vez (supondo que ele conheça tudo sobre seus personagens e suas aventuras desde o início. É possível que invente, ou descubra, à medida que avança). E a transferência, para o leitor, se faz sobre a pessoa do autor. O que em seguida nos devolve a nós mesmos, na contratransferência.

Interpretação do analista e do romancista

Nas duas práticas, trata-se de "tornar consciente o inconsciente". Uma diferença entre a interpretação do psicanalista e a do romancista é que o romancista não interpreta o personagem para o benefício do personagem, mas para um terceiro, o leitor. O homem moderno, observa Freud, enfrenta a morte por meio de estruturas imaginárias; é por isso que ele aprecia a morte nos romances. Ele se identifica com o herói e sobrevive a ele: "No âmbito da ficção, encontramos a pluralidade de vidas de que precisamos". O leitor pode, então, interpretar a si mesmo, desde que se identifique com o personagem ou que o reconheça entre os seus relacionamentos, a avó do Narrador se torna por um momento a mãe do leitor, ou Gilberte seu primeiro amor.

A sra. Verdurin e a sra. De Guermantes ficariam muito surpresas com a interpretação que Proust faz das palavras delas, do que elas realmente dizem: quando a condessa de Chevigné se reconheceu na duquesa de Guermantes, ela logo rompeu com Proust. Ao longo da narrativa, o romancista só abandona seus personagens depois de tê-los analisado inteiramente (em contrapartida, ele não acha necessário narrar seu destino completo, como no romance clássico, até o casamento ou a morte): para ele, o fim do romance é o fim da análise. Isso toma tempo, e Proust teria desaprovado os romancistas de interpretação rápida, como Balzac, por vezes, que nos contam tudo sobre o caráter do personagem; assim que um personagem aparece, eles revelam o significado de seus mínimos gestos. O paciente tece uma narrativa, o analista também, mas não a mesma. O romancista igualmente, entre a narrativa autobiográfica e a versão do romance. Esse lento e paciente relato se opõe às fulminações da lembrança involuntária: memória proustiana ou fantasias, sonhos, obsessões do neurótico, evocação de traumas, tudo o que aflora brutalmente, bruscamente, ao longo de uma análise. Mas enquanto o romance do fluxo de consciência tece fragmentos de consciência, em Joyce ou Virginia Woolf, o romance proustiano reúne com uma arte de ebanista, ou de músico, os aportes do inconsciente.

Assim como o psicanalista não deve dizer ao paciente, no início do tratamento, o que ele acredita serem seus segredos, o romancista também não revela no início do romance a essência ou o âmago do caráter do personagem. Pensemos na arte com que é progressivamente revelada a verdadeira natureza de Charlus, a começar por leves sintomas (cor das meias, olhos arregalados de um desconhecido na alameda do parque do sr. Swann em Combray, passando pela entrega de um livro em Balbec ao Narrador e pela cena de histeria feita ao jovem enquanto se ouve música no aposento contíguo). Freud enfatiza a importância do estudo dos detalhes aparentemente insignificantes, em sua conferência sobre os atos falhos. São esses detalhes que constituem a trama do romance. Depois vem a interpretação. O analista deve manter a frieza, "impenetrável e, como um espelho, refletir apenas o que lhe é mostrado", escreve Freud. O romancista também interpreta os personagens com impiedosa frieza, mesmo em relação a Swann, mesmo em relação à avó moribunda. A diferença é que o paciente preexiste e não é inventado. Mesmo que o romancista tenha modelos, seus personagens são imaginados.

Um dos mais respeitados comentaristas de Freud objetou que não podemos analisar "indivíduos de papel, como Hamlet, da mesma forma que seres humanos", que Hamlet não existe fora do drama que leva seu nome e que não se deve confundir as categorias do imaginário com as da realidade. No entanto, é o que Freud faz ao comentar *Gradiva*. Ele mesmo tinha consciência de interpretar "um sonho que nunca foi sonhado".

Proust e Freud partem da psicologia de seu tempo, da qual se afastam. Há psicologia e psicólogos demais, diz o objetor de *A questão da análise leiga*. Freud responde, fazendo um apanhado geral, que a ciência da vida psíquica não tinha mais para onde se desenvolver. Ela abarcava, além de uma fisiologia da sensação, uma "lista de divisões e de definições do que acontece em nossa mente (...) muito comum a todos os letrados. (...) Cada escritor ou biógrafo cria uma psicologia própria, propõe hipóteses sobre as relações e o objetivo dos atos psíquicos, hipóteses sedutoras mas duvidosas". Nada disso era científico. A psicologia fechara a si mesma o acesso ao domínio do id porque se apegara à hipótese de que todos os atos psicológicos eram conscientes, que a consciência era o signo distintivo do psiquismo. Ela não se interessava pelos "estágios preparatórios do pensamento", que explicariam nossas ideias súbitas. "Em você acontecem atos de ordem psíquica, frequentemente bastante complicados, dos quais sua consciência não percebe nada, dos quais você não sabe nada."

Da mesma forma, Proust revolucionou a psicologia romanesca ao interessar-se por tudo o que era esquecido, inconsciente, involuntário, ambivalente, reprovado, proibido. Ele desde o início acalentava a ideia de escrever para dizer o que se devia calar. Quando apresentava seu manuscrito, avisava com insistência sobre seu caráter imoral.

Segredo

O que confere tensão e suspense à exposição e à análise psicológicas é o fato de que elas levam ao segredo. "Aquele que tem olhos para ver e ouvidos para ouvir constata que os mortais não podem esconder segredo algum. Aquele cujos lábios se calam conversa com a ponta dos dedos; ele se trai por todos os poros." Podemos aplicar essas palavras de Freud à análise psicológica que Proust faz de seus personagens. O segredo está no centro da vida e do pensamento de Freud e de Proust. Os dois homens estendem sua curiosidade às artes, à política, à guerra, a todos os aspectos da vida cotidiana, buscam conhecer tudo e falam de tudo. Não há um aspecto de nossa vida sobre o qual não possamos, hoje ou amanhã, interrogá-los. Por isso a afirmação de Proust de que o segredo que nossos olhos não conseguem penetrar é a "palavra final da arte do pintor".

"Todo indivíduo sabe identificar dentro de si coisas que só comunicaria aos outros a contragosto, ou cuja comunicação lhe parece impossível. (...) Há também coisas que a pessoa não confessaria *a si mesma*, que de bom grado esconderia de si e que logo interrompe e afasta quando elas ainda surgem no pensamento." Um pensamento pode ser mantido secreto em relação ao próprio eu. Há uma antítese entre o ego e uma vida psíquica mais ampla. "Todo neurótico tem um segredo", diz o interlocutor imaginário de Freud. Quando ele é levado a confessá-lo, chega-se ao princípio da confissão católica. Mas o paciente precisa "dizer mais do que sabe", essa é a diferença da análise para com a confissão. O romancista também faz seu personagem dizer mais do que sabe, desde Madame de La Fayette. Em *O tempo redescoberto*, Proust afirma revelar um "outro universo". Para a criança, o segredo final é a diferença entre os sexos e os mistérios da concepção e do nascimento. É também esse segredo que Freud busca no que ele chama de seus romances (ou semirromances) biográficos, dedicados a Da Vinci, Moisés, Wilson.

"O campo da biografia também deve se tornar nosso", escreve Freud a Jung, em outubro de 1909. Ora, é como Proust, a partir de uma "recordação de infância", que ele escreve sobre Leonardo da Vinci. O abutre que ele viu no Louvre, na *Santa Ana*, não existe mais? Revela-se mais romanesco ainda e rivaliza com as criações fantásticas de Hoffmann; poderia aparecer em *O homem de areia*.

Arte

"Somente na arte", lemos em *Totem e tabu*, "acontece de um homem atormentado por desejos realizar algo semelhante a uma satisfação; e graças à ilusão artística esse jogo produz os mesmos efeitos emocionais de algo real." Freud e Proust tinham paixão pela arte e pela literatura. Um pensava ter encontrado a mais bela estátua do mundo, o *Moisés*, de Michelangelo; o outro, o mais belo quadro do mundo, a *Vista de Delft*, de Vermeer. Sobre o primeiro, Freud se explica primeiro num artigo, depois num livro inteiro. Sobre o segundo, Proust não se explica, mas torna o quadro cheio de uma beleza fatal, que mata Bergotte. E por que o "pedaço de parede amarela"? A parede iluminada de Combray encerra tanto o segredo do artista quanto o da criança, imortal.

Um estudo autobiográfico revela como se pode estudar a produção literária e artística: "O reino da imaginação foi uma 'reserva' organizada quando da dolorosa passagem do princípio de prazer ao princípio de realidade, a fim de proporcionar um substituto à satisfação instintiva que precisa ser abandonada na vida real. O artista, como o neurótico, retirou-se para longe da realidade insatisfatória, para esse mundo imaginário, mas, ao inverso do neurótico, ele soube encontrar o caminho de volta e recolocar os pés na realidade". As obras, satisfações dos desejos inconscientes, da mesma forma que os sonhos, são, ao inverso dos sonhos, capazes de satisfazer nos outros às mesmas aspirações inconscientes do desejo.

O poeta nutre-se de seu desejo, de sua infância, de seu inconsciente. A criança que brinca comporta-se como um poeta, "ela arranja as coisas de seu mundo segundo uma nova ordem, para sua conveniência". O oposto da brincadeira não é a seriedade, mas a realidade, ela é um "corretivo da realidade não satisfatória" segundo desejos ambiciosos ou eróticos, escreve Freud. O poeta expressa os sonhos de seus contemporâneos menos eloquentes. Ao reanimar uma recordação distante, ele transforma seu desejo em literatura. Ele seduz o público com um "abono de prazer", um prazer preliminar que promete um prazer maior. "O gozo próprio à obra literária decorre do relaxamento das tensões de nossa alma."

O homem que escreveu essas linhas sempre foi um apaixonado pela leitura: "leio muito", ele escreveu em 1883, "e desperdiço muitas horas, tenho nas mãos um exemplar do *Dom Quixote* ilustrado por Gustave Doré e passo com ele mais tempo do que com a anatomia". Com ele, literatura e psicanálise bebem nas mesmas fontes e enriquecem uma à outra. Para Marthe Robert, as mais belas páginas de Freud são as que ele escreveu sobre Da Vinci, Goethe, Shakespeare, Michelangelo. Ele compõe esses textos perseguindo sua própria análise, como o Proust de *Sesame and Lilies* e *Contra Sainte-Beuve.* "Ele só fala daquilo que ele mesmo reteve intensamente ao longo de suas leitura e com o qual se identificou o suficiente para ter algum direito a analisá-lo." Quando transcreve um caso, Freud sofre por seu caráter não literário (a propósito de "O homem dos ratos"): "Que desordem nossas reproduções, quão miseravelmente desmantelamos essas grandes obras da natureza psíquica!".

Ele coloca, assim, a importante questão da relação entre a literatura e as ciências humanas. Afirmou-se, recentemente, que as descobertas de Freud estavam ultrapassadas, mas que ele sobrevivia como um grande escritor. O filósofo, o pensador e o cientista são considerados pelo rigor de suas palavras, pela precisão de um vocabulário muitas vezes técnico, pelo encadeamento de seus argumentos. Tudo isso vem antes da melodia do estilo e da beleza das metáforas. Julgamos que o caráter literário de uma filosofia torna-a suspeita por expô-la a todas as tentações. A magia das fórmulas esconde, às vezes, uma falha do raciocínio, dispensa a prova ou a definição. Desde Bergson, na França, desde Nietzsche, na Alemanha, os clarões com frequência substituíram o humilde avanço do raciocínio. O que impressiona em Kant e Freud, ao contrário, é a precisão das definições e dos encadeamentos, ao preço de uma retórica não literária. Podem escapar a Freud, é claro, frases magnificamente poéticas: em geral, elas são contidas, como suspiros.

Para Freud, a literatura com frequência precede a ciência e a psicanálise no conhecimento dos homens e do mundo. Mas essa exploração da "grande noite impenetrada e desencorajadora da nossa alma, que tomamos por vazio e nada", feita pelos grandes artistas, é "mantida no mesmo nível das ideias da inteligência", ela não é constituída por essas ideias. Cabe ao filósofo, ao psicanalista, ao crítico literário racionalizar a experiência sensível do artista. De resto, ele deve ter consciência de sua tarefa, que consiste em explorar densas trevas, como disse Proust; seu teclado deve descobrir "milhões de toques de ternura, de paixão, de coragem, de serenidade" que compõem um universo diferente de todos os outros. Freud superou, com a criação da psicanálise, as armadilhas e as complacências da busca de si, como Proust as delícias momentâneas da autobiografia ou do que se chamou por algum tempo de autoficção. O grande artista, em vez de se comprazer em jogos formais ou temas irrisórios, carrega dentro de si uma ambição fundamental que se transforma em otimismo ou esperança e que ele compartilha com o cientista: no cérebro humano, na alma humana, tudo está por descobrir.

Bibliografia

Há mais de quarenta anos prefaciei a tradução francesa, assinada por Marie Tadié, de Nostalgia: a Psychoanalytic Study of Proust, *de Milton L. Miller, que deveria ter se tornado uma obra de referência, mas que seus sucessores raramente citam. Foi assim que comecei. Dentre os livros que apreciei a seguir, cito a biografia de Marthe Robert e a de Peter Gay, o artigo de J. Bellemin-Noël, "Psychanalyser le rêve de Swann", o ensaio de Malcolm Bowie,* Proust, Freud and Lacan: theory as fiction, *o de Dominique Fernandez,* L'Arbre jusqu'aux racines *ou ainda* Maman, *de Michel Schneider,* Frère du précédent, *de J.-B. Pontalis (bem como seus prefácios às novas traduções de Freud), alguns artigos compilados em* Marcel Proust visiteur des psychanalystes. *Bibliografias são listas de remorsos ou de críticas, às vezes de agradecimentos. Eu quis dar ouvidos ao sistema de ecos (como na gruta de* The Fairy Queen, *de Purcell) que as leituras entrelaçadas de Freud e Proust me permitiram perceber.*

IMPRESSÃO:

GRÁFICA EDITORA Pallotti
IMAGEM DE QUALIDADE

Santa Maria - RS - Fone/Fax: (55) 3220.4500
www.pallotti.com.br